预制菜产业助力乡村振兴
典型案例选编

西南大学
农业农村部农业贸易促进中心 编

西南财经大学出版社
Southwestern University of Finance & Economics Press

图书在版编目(CIP)数据

预制菜产业助力乡村振兴典型案例选编/西南大学,农业农村部农业贸易
促进中心编.—成都:西南财经大学出版社,2024.1
ISBN 978-7-5504-6075-1

Ⅰ.①预… Ⅱ.①西…②农… Ⅲ.①预制食品—食品工业—产业发展—作
用—农村—社会主义建设—案例—中国 Ⅳ.①F426.82②F320.3

中国国家版本馆 CIP 数据核字(2024)第 006638 号

预制菜产业助力乡村振兴典型案例选编

YUZHICAI CHANYE ZHULI XIANGCUNZHENXING DIANXING ANLI XUANBIAN

西南大学 农业农村部农业贸易促进中心 编

策划编辑:何春梅
责任编辑:李 才
助理编辑:陈进栩
责任校对:邓嘉玲
封面设计:星柏传媒
责任印制:朱曼丽

出版发行	西南财经大学出版社(四川省成都市光华村街55号)
网 址	http://cbs.swufe.edu.cn
电子邮件	bookcj@swufe.edu.cn
邮政编码	610074
电 话	028-87353785
照 排	四川胜翔数码印务设计有限公司
印 刷	四川新财印务有限公司
成品尺寸	170mm×240mm
印 张	12.25
字 数	172 千字
版 次	2024 年 1 月第 1 版
印 次	2024 年 1 月第 1 次印刷
书 号	ISBN 978-7-5504-6075-1
定 价	58.00 元

编　委　会

前　言

习近平总书记在党的二十大报告中强调，要全面推进乡村振兴。实施乡村振兴战略是新时代做好"三农"工作的总抓手，产业兴旺是乡村振兴的关键和前提。近年来，预制菜产业发展势头迅猛，在充分利用当地农业原料资源、促进发展农产品加工业、培育农产品品牌、增加农民收入等方面呈现明显综合效果。2023年发布的中央一号文件更是首次提出"培育发展预制菜产业"。实践表明，推进预制菜产业高质量发展，已成为各地促进农村一二三产业融合发展的重要发力点和助推乡村全面振兴的重要路径。

结合乡村振兴的使命与规划，以预制菜产业发展助推乡村振兴，这很有意义，大有可为。各地实践表明，预制菜产业的出现与发展顺应了时代的需求，将会在解决"三农"问题、助力乡村振兴中发挥有力作用。预制菜一头链接产地田头，一头链接市场餐桌，从种植到加工再到运输和销售，行业链条既能带动城市多个行业发展，也能和乡村振兴的原材料市场、产品市场等有效对接，提高产品附加值，促进农业增效、农民增收，助推乡村振兴、产业发展。企业和农户可以共同分享农产品产业链延伸附加值，实现小农户与现代农业发展有机衔接，这为巩固和拓展脱贫攻坚成果、推进农民生活富裕开创了新的空间。

为发掘全国各地预制菜产业发展案例，总结提炼经验做法，推广先进典型，进一步推动预制菜产业高质量发展，2022 年下半年开始，农业农村部农业贸易促进中心围绕预制菜产业发展助力乡村振兴开展了调研，在全国范围内组织开展了案例征集活动，累计征集各地农业农村部门和相关企业呈报案例近 200 个，最终精选案例 27 个，由西南大学（经济管理学院、农村经济与管理研究中心、乡村振兴战略研究院与重庆市科技战略研究基地）汇编出版。本书汇编了不同地区和产业发展的模式和经验，每个案例内容包括背景情况、主要做法、重要成效、经验启示四部分。希望通过首批案例分享能够提供模式范例和经验借鉴，搭建交流平台，探索农村一二三产业融合发展的新模式，提供预制菜产业助推乡村振兴的路径指引，促进预制菜产业发展。

我们希望，征集和汇编出版预制菜产业发展助力乡村振兴典型案例工作能够持续开展，更加全面地展示不同地区预制菜产业发展的特色、推动一二三产业融合的路径、拓宽农民增收致富渠道的模式，为"三农"工作者提供参考与启发，为全面推进乡村振兴做出更大贡献。

编委会

2023 年 7 月

目　录

1

践行"大食物观"
抢占农食产品加工新赛道

——广东东莞加快推进预制菜产业高质量发展

▷▷▷ 一、 背景情况

预制菜产业横跨一二三产业，兼容生产、生活、生态，是融通工农城乡的新产业、新业态，是农食产品加工业的"新蓝海"。发展预制菜产业是践行"大食物观"的重要途径。近年来，东莞市主动发挥食品加工制造业优势，积极抢占农食产品新赛道，加强产业布局，积极推动东莞市预制菜产业发展。

东莞市现有涉及预制菜生产经营单位约130家,在预制菜产业链上中下游均有分布,配餐模式在"食材原料—复合调味品—预制菜成品—冷链仓储—供应服务"产业链条中均有分布,经营模式主要分为中央厨房配餐模式和产业链供应模式,其中中央厨房配餐模式15家。据东莞市团餐与配送行业协会及相关协会测算,全市预制菜企业每日生产销售预制菜产品约200万份,年产值超过200亿元。预制菜企业主要集中在麻涌、横沥、厚街、茶山、东城、沙田等镇街。

▷▷▷二、 主要做法

(1)加强政策引导。出台《东莞市人民政府办公室关于印发东莞市推进预制菜产业发展实施方案的通知》,深入贯彻落实《加快推进广东预制菜产业高质量发展十条措施》,从总体思路、发展重点和路径、重点工作、保障措施四个方面,提出20条举措推动我市发展预制菜产业,按照融合化、品牌化、特色化的方向,打造集"生产加工""研发创新""商贸物流""综合服务"于一体的东莞市预制菜产业体系。

(2)建立工作机制。结合我市产业实际,出台《东莞市人民政府办公室关于建立东莞市预制菜产业高质量发展工作联席会议制度的通知》,建立起市级工作机制,加强产业谋划和资源统筹。

(3)成立产业联盟。东莞市预制菜产业联盟(下简称"联盟")于2022年9月正式成立。联盟由东莞市乡村振兴促进会、东莞市市场服务中心有限公司、东莞市鸿骏膳食管理有限公司、广东润丰农业发展集团有限公司、广东省松湖优谷渔业发展有限公司、广东佰顺农产品供应链集团有限公司、广东百味佳味业科技股份有限公司、东莞穗丰粮食集团有限公司、广东嘉荣供应链管理有限公司、东莞市振华快餐有限公司、东莞市华井生物科技有限公司、东莞市好助手食品机械有限公司、东莞市补给舰供产链管理有限公司、东莞市万好食品有限公司(稻香)、东莞理工学院、众联检验认证集团有限公司共 16 家单位共同发起成立，其中东莞市鸿骏膳食管理有限公司担任理事长单位，东莞市乡村振兴促进会担任秘书处单位，联盟成员共 40 家，其中企事业单位 2 家、社会组织 1 家、金融机构 2 家、预制菜生产加工企业 23 家、预制菜供应链平台 5 家、预制菜机械设备企业 7 家。

（4）打造预制菜产业园区。规划建设大湾区（东莞）预制菜产业园，以"边发展边扩张"为发展理念，通过"1+N"的模式建设，其中"1"是指一个核心区，"N"是指多个功能区，着力把东莞市预制菜产业园打造成为湾区东岸第一园、国家级预制菜进出口产业园、双线集配交易中心和人才培训中心。产业园各功能区各具特色、错位发展，其中厚街核心区将打造成为综合产业核心区、加工贸易集配基地；麻涌镇将打造成为食品（粮油）终端制造和中央厨房聚集区；石碣镇将打造成为净菜加工和供港蔬菜中心；横沥镇将打造成为供港中式包点基地、美食文旅基地和中厨人才培训基地。

（5）提升产业服务。做好产业摸查，组织编制东莞市预制菜产业图谱和产品画册。"食博会·预博会"在东莞市举办期间，东莞市围绕"成就一批领军人物、成就一批产品品牌、成就一批产业企业、成就一片行业热土"的工作思路，组织中央、省、市媒体走进预制菜企业，密集刊发东莞市预制菜宣传报道文章，获得良好宣传效果。（旗峰腊肠煲仔饭见图 1-1）

图 1-1 旗峰腊肠煲仔饭

▷▷▷ 三、 重要成效

（1）从第一产业来看，依托广州港新沙港区和东莞港麻涌港区两个国家级一类口岸的地理优势，以及麻涌镇粮油产业基础扎实，一批粮油龙头企业已布局拓展预制菜市场。

（2）从第二产业来看，食品饮料制造业是东莞市优势传统和支柱产业之一，产业规模较大，发展态势较好，基本形成了"产品研发—生产加工—产品流通"的全产业链条，聚集了世界级粮油企业、中央厨房食品及调味品生产企业。

（3）从第三产业来看，依托我市在冷链物流、团餐加工配送等领域的基础优势和协同配套，净菜、团餐、预制菜优质产品走进工厂、医院、社区等场所。经过多年发展，东莞市已经形成了生产加工、中央厨房、冷链集配、智慧餐饮、中试研发、供应链金融、装备制造等融合发展的预制菜产业体系。

▷▷▷ 四、 经验启示

（1）发展预制菜产业是提高农业产业附加值的重要途径。产业振兴是乡村全面振兴的基础和关键，2023 年中央一号文件强调要"培育乡村新产业新业态"，并首次提出"培育发展预制菜产业"。预制菜产业是一二三产业深度融合，推动乡村振兴和农业持续高质量发展的重要抓手。据行业机构预计，2026 年预制菜市场规模将达一万亿元以上。发展预制菜产业，农业能更好地实现延伸产业链、优化供应链、提升价值链，为促进农民增收致富、提高第一产业产值、加快实现农业现代化注入新活力。发展预制菜产业，能有效牵引带动农产品生产、贮藏、流通等行业发展，提高东莞市作为农产品主销区的供给保障能力水平。

（2）发展预制菜产业需结合本地资源禀赋顺势而为。东莞市是世界制造业名城，地处粤港澳大湾区地理几何中心，是全国第15个"万亿元GDP"和"千万人口"的"双万"城市，经济实力雄厚，预制菜全产业链发展基础好、企业实力比较强，辐射带动效应显著，具有明显优势。近年来，东莞市充分依托强大的制造业基础、便利的交通区位优势、完备的冷链物流服务体系、众多的中央厨房优势，初步形成了厚街、麻涌、石碣等预制菜集聚区，并呈现立足东莞、辐射湾区、服务全国的良好态势。2023年3月24日—26日，第七届中国国际食品及配料博览会、首届中国国际预制菜产业博览会在东莞市举行，农业农村部农业贸易促进中心授予东莞市"中国预制菜产业人才培训基地"称号。东莞市将以此为重要契机，积极利用东莞市深厚的先进制造业底蕴、得天独厚的区位优势、庞大的市场规模等有利条件，积极推动预制菜产业高质量发展。

（3）发展预制菜产业需政府职能部门积极主动作为。一是引导企业抱团发展。为实现预制菜企业强强联合、抱团发展，东莞市预制菜产业联盟积极发挥在信息资源、组织策划、标准制定等方面作用，积极组织策划行业交流活动，牵头制定预制菜标准，开展市场拓展等活动，通过信息互通、资源共享、合作共赢等多种方式凝聚行业力量，引导行业良性可持续发展，形成强大合作力量。二是加大品牌打造力度。要积极围绕中式餐饮经典名菜、地方特色和个性化菜品，集中科研攻关，大力研发预制菜爆品，树立本地预制菜品牌，提高当地预制菜知名度。三是加大地方预制菜宣传推介力度。要充分发挥中国国际预制菜产业博览会、中国国际食品及配料博览会等国际国内大型博览会平台作用，引导预制菜企业加强业务交流合作，助力企业开拓市场。要积极开展招商会、产业论坛、评鉴活动等特色宣传推介活动，进一步提高本地预制菜菜品曝光度和知名度。四是强化产业服务力度。要积极引导企业和行业协会开展预制菜标准研究，推动专业机构开展预制菜加工工艺、评价体系等技术课题研究，抢占预制菜产业话语权。要积极研究出台预制菜相关产业政策，进一步加强政策扶持力度。积极围绕"食材原料—复合调味品—中央厨房设备—预制菜成品—冷链仓储—供应服务"成链的目标，加大龙头企业招引力度，推动预制菜产业园区及中央厨房项目建设，探索打造预制菜东莞标准和特色产品，逐步延伸产业链、优化供应链、提升价值链。

撰稿人：邵如建　梁运挺　东莞市农业农村局

2

建设中国"云厨房"　打造世界"菜篮子"

——山东莱阳着力擦亮"中国预制菜之乡"城市名片

▷▷▷ **一、背景情况**

莱阳市，素以"梨乡"著称，是一座历史悠久、环境秀美、民风淳朴的滨海滨河生态城市，更是享誉国内外的绿色食品生产、加工和出口大市。莱阳市的食品加工业从 20 世纪 80 年代末起步，以发展壮大绿色食品产业为目标，坚持走企业集团化、经营规模化、市场多元化的发展之路，培育 A 股上市企业 2 家，各类食品加工企业 367 家，年产值达到 700 亿元，食品工业成为全市工业经济的支柱产业之一，涌现出龙大食品集团有限公司、山东鲁花集团有限公司、春雪食品集团股份有限公司、天府科技集团有限公司等一大批骨干企业，以及"鲁花"花生油、"龙大"肉食、"春雪"鸡产品、"一枝笔"梨汁饮料等名牌产品。莱阳市先后荣获中国绿色食品城、中国绿色名市、国家食品安全示范县、中国好粮油示范县、首批国家农业产业化示范基地、首批国家食物营养教育示范基地、全国食品工业强县、省农业"新六产"示范县、全省首批电子商务示范县、首批省级农业对外开放合作试验区、山东省农产品加工示范县、山东省农产品出口产业集聚区等荣誉称号。近年来，莱阳市充分发挥食品产业集聚程度高、研发能力强、市场布局广的优势，积极抢抓预制菜行业发展"新风口"，着力擦亮"中国预制菜之乡"的城市名片。

▷▷▷ 二、 主要做法

（一）深化供给侧结构性改革，推动"三链聚合重构"，构筑绿色食品 "千亿航母"

一是塑造可追溯的供应链。以国际顶级原料质量为标准，依托现有的"国字号""省字号"农业产业化龙头企业，大力发展"订单式"标准化种植基地和智慧化养殖基地，形成从田间到餐桌的全流程安全追溯体系，全市建成蔬菜标准化备案基地 448 个、果品标准化备案基地 128 个，生猪存栏 58.2 万头，年可供应优质蔬菜 120 万吨、果品 47.8 万吨、肉类 13.2 万吨。

二是锻造更精深的加工链。聚焦白羽肉鸡、生猪、蔬菜等重点产品精深加工，启动实施延链补链强链工程，大力推进龙大美食调理食品、春雪智慧工厂、三川食品中央厨房等项目（总投资 246 亿元），鼓励食品企业积极开发高附加值的特色精深加工产品和预制菜产品，持续培育壮大莱阳市预制菜企业矩阵。

三是打造双循环的生态链。统筹用好国际国内两个市场，构建新型预制菜产业生态圈。外贸市场方面，深化与日本伊藤忠商事株式会社等传统日本客户的稳定合作关系，持续加大欧美、中东、俄罗斯等新兴市场开辟力度。内贸市场方面，与上海梅林正广和股份有限公司、通用磨坊食品公司（中国）等食品龙头企业，百胜、麦当劳、德克士等大型餐饮连锁企业，家家悦超市、全家便利店等连锁商超，京东、苏宁等电商平台建立长期合作关系。

（二）突出创新性专业化发展，搭建"三大服务平台"，创建预制菜产业莱阳标准

一是搭建科技创新平台。依托国家级企业技术中心、国家蔬菜加工专业分中心、山东省调理食品产业技术创新战略联盟等 13 家省级以上农产品加工技术研发机构，全力搭建多层次预制菜产业科技创新平台。

二是搭建检验检测平台。以农产品质量安全检验检测中心为骨干、山东中正和烟台杰科等第三方检测机构为补充，吸纳 10 多个国家认证企业实验室参与，形成政府引导、社会参与、平台有机运行的公共检测服务平台，建立起"从田间到餐桌"的预制菜全链条质量检测体系。

三是搭建仓储物流平台。规划建设占地 20 平方公里胶东智慧物流港，布局建设总投资 75 亿元的 30 个重点物流项目，强化预制产品冷链储运能力，保障莱阳市预制菜产品"鲜"达全国。

（三）坚持政府引导市场主导，发挥"两只手作用"，充分激发预制菜产业发展活力

一是政策精准扶持。大力实施"预制菜+"工程，制定《加快推进预制菜产业高质量发展的实施意见》《支持本土企业发展实施意见》，出台优惠措施"18 条"，全面推动预制菜产业倍增计划，为预制菜产业发展提供全方位政策支持。

二是联盟抱团发展。组建莱阳市预制菜产业发展联盟，促进行业及联

盟成员之间的信息、技术和人才交流合作。

三是资金优先保障。建立财政、基金、银行、保险、担保"五位一体"协同联动机制，搭建形成银行、保险、证券等金融机构为主导，政府投融资平台、担保公司、小额贷款公司、民间借贷平台等地方融资机构为补充的投融资平台。

▷▷▷ 三、 重要成效

（一）形成了预制菜产业集聚发展极

2021 年，莱阳市规上食品加工企业 107 家，营业收入达到 265.6 亿元，同比增长 8.2%，预制菜品"莱阳造"出口辐射亚欧非 30 多个国家和地区，年出口额 6.4 亿美元。培育起国家级农业产业化龙头企业 4 家、省级 18 家，其中，鲁花集团年销售收入突破 400 亿元，实现连续三十多年经济效益持续增长。龙大集团年营业收入突破 290 亿元，冷冻蔬菜出口量占全国对日出口总量的 40%。预制菜品已涵盖速冻保鲜蔬菜、火锅食材、水饺面食、快餐便当等 20 多个大类 1 600 余种，建成以龙大、春雪、禾丰牧业等为引领的畜禽屠宰及肉类加工企业群，以一品堂、恒润等为引领的果蔬产品加工企业群，以永和、顺德盛、鲁海等为引领的方便食品制造加工企业群的"三大产业加工群"，年加工能力达到 193 万吨，2021 年预制菜产值约 67.9 亿元，形成了种类齐全、链条完整的预制菜生产企业矩阵。2022 年 1 月—9 月，全市预制菜产值达到 63 亿元，同比增长 24%，龙大美食和春雪食品双双上榜"2022 年度预制菜领军企业"50 强，且排名靠前。

（二）构建起预制菜产业引领新高地

一是创新能力得到快速提升。全市建成院士工作站 2 个，培育食品高新技术企业 4 家，引进 11 家高校院所与企业合作，促进一批尖端预制菜科研新成果在莱阳市转化，年投入科研资金达到 6 亿元。龙大食品集团有限公司与中国农科院、中国农业大学等共同成立的"调理食品产业技术创新战略联盟"，年研发、改良产品 500 余款；龙大美食研究院食品研发中心，开发上市近 100 个新品种、储备产品超过 100 款；山东鲁花集团有限公司独创的5S 压榨花生油工艺和技术填补了该领域的国内外空白，获得国家科技进步二等奖和山东省省长质量奖提名奖。

二是产品质量达到一流水准。莱阳市的食品产业严把质量标准关，形成了国际一流的标准化生产体系，120 多家企业通过国际标准化组织（ISO）、危害分析及关键控制点（HACCP）、良好生产规范（GMP）、英国零售商协会（BRC）、卫生标准操作程序（SSOP）等质量体系认证，产品质量始终与国际最严苛的日本标准保持同步。

（三）打通了预制菜产业富农新渠道

以预制菜企业为龙头，以合作社等新型经营主体为纽带，完善"龙头企业+农民专业合作社+农户""龙头企业+村集体经济组织+农户"等模式，通过土地规模化流转、订单农业、基地共建等形式，引导企业、村庄与农户建立稳定的利益联结机制，实现订单农业有"订金"、基地就业有"薪金"、土地流转有"租金"、入股分红有"股金"，将企业、村庄、农户和市场连接成为一个风险共担、利益共享的经济体。全市共发展农民合作社2 840家，家庭农场 1 438 家，规模流转土地 29.9 万亩，其中，党支部领办合作社 450 家，联合社 36 家，入社群众 6 万户，带动集体和群众增收近 1.5亿元，实现了集体有收益、企业有效益、群众得实惠。

▷▷▷ 四、 经验启示

（一）立足资源禀赋，以农业产业结构调整为基础明确发展方向

1986 年之前莱阳市以发展粮食生产为主，粮食大幅度增产，但随后面临卖粮难、农民收入低等问题。农业结构调整势在必行。而结构调整必须结合当地的具体情况，发挥本土优势，莱阳市有两大优势：一是有种菜种粮的传统；二是有得天独厚的地理位置和便利的交通，有"半岛陆路旱码头"之称，蓝烟铁路、青荣城际铁路横贯全境，荣潍、龙青、沈海、威青、烟沪等 10 条高速公路和国省公路干线在这里交会，距青岛、烟台两个对外开放港口城市均为 100 公里左右，隔海与韩国、日本相望，为此莱阳市确立了以发展蔬菜加工为突破口的农产品加工业，为此后的食品加工业蓬勃发展奠定了坚实的基础。

（二）强化要素供给，以龙头企业带动集群发展

从 1989 年开始，莱阳市在全市大力推行股份制，优化资源配置，推动生产要素向乡镇企业优势项目集中，建起了一批农产品加工企业。1991 年，明确提出了以食品工业作为乡镇工业的基本发展方向，组织实施了培育食品加工企业的"3510"工程①，调动全社会力量加快推进组织结构、产品结构和市场结构调整，通过联合、兼并、承包、挂靠、购买、租赁等形式，优化农产品加工企业的资产结构和产品结构，带动产业化经营持续快速发展，逐步实现了加工企业由小向大，产品种类由少向多的转变。莱阳市的食品加工业已经形成了一个金字塔式的结构模型：最上层建立了一批具有较强竞争力的大型企业集团，形成了农业产业化的龙头；中层建立了一批

---

① 即从 1993 年到 1995 年，投资 500 万元以上的食品加工企业（包括中外合资）发展到 30 个，投资 100 万~500 万元的企业发展到 50 个，投资 50 万~100 万元的企业发展到 100 个。

中小型加工企业、新型农业经营组织和产品运销队伍及中介组织；下层建立了一批农产品生产基地，惠及了千家万户。

（三）严格质量管控，以标准化提升市场竞争能力

强化生产技术规范的应用，在生产、加工、贮藏、运销等各个环节全面推行标准化管理。在原料生产第一关口，按照国际和国家标准，制订完善了 100 多个农业主导品种的标准化生产技术规程，对生产全过程作出了详细规定。同时，采取示范园引导、示范基地带动的方法，推行统一环境质量、统一生产技术、统一农资供应、统一监测方法、统一产品标识等为主要内容的"五统一"操作规程。在加工流通环节上，积极引导企业根据产品消费国标准，采用严格的生产工艺，引进先进检测设备，加强生产全过程的质量检测和标准控制，实现了"药残可控制、源头可追溯、流向可跟踪、产品可召回"的管理目标。

撰稿人：徐　高　莱阳市农业农村局
　　　　陈国亮　烟台市食品产业链办公室

3

高点定位　高标谋划
打造预制菜产业发展高地

——山东安丘推动预制菜产业提档升级

▷▷▷一、　背景情况

预制菜是以农、畜、禽、水产品为原料，运用现代标准化流水作业进行洗、切、搭配、加工等前期预处理，后经过卫生、科学的包装，再通过加热、蒸炒等简单烹调或直接开封即可食用的菜品，具有方便、高效、出品稳定的特点。预制菜既融合了品质、营养与口感，符合健康化的行业发展趋势，又迎合了快节奏生活下无暇下厨的年轻消费客群的生活方式，契合了餐饮工业化背景下餐饮企业降本提效的强烈诉求，具备广阔的发展前景。特别是近几年，全国预制菜产业发展迅猛，销量持续增长。

安丘市是农业大市，农产品资源丰富，年产优质农产品 460 多万吨，是中国姜蒜之乡、蜜桃之乡、樱桃之乡、草莓之乡和桑蚕之乡，同时，也是农产品加工大市，现有一定规模的农产品加工企业 400 多家，年加工农产品 270 余万吨，有出口实绩的农产品加工企业 184 家，畅销日韩、欧美等 80 多个国家和地区，先后被评为国家农产品质量安全县、全国出口食品农产品质量安全典型示范区、国家级农业综合标准化示范区。立足良好的产业基础和综合优势，安丘市抢抓预制菜风口，强支撑、建园区、搭平台、补链条，全力打造预制菜产业发展高地，走出了一条以预制菜产业引领乡村全面振兴的"安丘路径"。

▷▷▷▷ 二、 主要做法

（一）强化支撑保障，高质高效推进

制定完善税收、人才等方面的 12 项优惠政策，对预制菜运营公司、入园企业所涉及的各项税收地方留成部分实行"5 免 5 减半"。全面落实预制菜项目绿色通道、帮办代办、企业开办秒批等"一站式"服务，将相关项目优先列入省、市重大重点项目盘子，给予土地、资金、人才优先保障，其中设立 10 亿元的中日韩高端预制菜产业开发基金，撬动社会资本投入。新建农产品质量安全综合管理服务平台，完善从田间到餐桌全链条质量监管模式，打造全国最安全放心的预制菜产销基地。

（二）打造专业园区，培育产业生态

规划建设总投资 100 亿元、占地 6 000 亩的中日韩高端预制菜食品产业

园，努力打造全国预制菜产业园标杆。聘请江南大学食品学院等机构参与园区规划设计，高标准开展产业发展规划、概念性规划和起步区详细规划的"三规"编制工作。加快推进产业园项目区土地拆迁、资产处置等工作，目前项目一期已征用土地 1 597 亩，提升改造 15 万平方米高标准厂房。由中国食品协会提供全程支持，统筹园区规划建设、投资运营等工作，目前，共有 38 家预制菜龙头企业达成入园意向。

（三）搭建平台载体，激发创新活力

全力搭建潍坊国家农综区开放发展示范区、中日韩现代高效农业产业园等园区平台，实施定点精准招商，助推预制菜产业快速崛起。引进实施日世果酱、中粮粮谷等重点预制菜项目 22 个、总投资 170 亿元，年内建成投产项目 10 个以上，提高预制菜产业竞争力。加快中国果蔬贮藏加工技术研究中心潍坊分中心等科研平台建设，为促进预制菜产业发展提供技术支撑。积极筹备农业开放发展高峰论坛、出口农产品博览会等活动，全面提升预制菜品牌知名度、影响力。

（四）完善产业链条，推动集群发展

支持山东鲁丰集团有限公司、潍坊和盛园食品有限公司、山东汇润实业集团有限公司等农业龙头企业，大力发展自属基地和合同基地，保证预制菜食材品质。目前，已发展一定规模的预制菜农产品生产基地 73 个（占地 33 万亩）。引导安丘源清田食品有限公司、潍坊和盛园食品有限公司等企业开发即食、即热、即烹等特色产品，以新产品开发迅速抢占市场制高点。支持打造山东省内唯一一个以农产品为主的中国农创港跨境电商服务平台，提高国外市场占有率。2023 年 1—7 月，预制菜交易额达到 4 000 余万美元。加快建设北京农产品流通中心"安丘馆"、数字化交易平台，推动"出口级"预制菜产品进京。

▷▷▷三、 重要成效

（一） 加速了产业发展

推动了预制菜产业加快转型，经济效益持续提升，目前安丘市预制菜生产企业已达 174 家，菜品 1 000 余个品种，年销售额达 60 亿元。扩大了农产品出口规模，农产品出口连续保持 14 年增长，其中年出口蔬菜 40 多万吨，出口额超 30 亿元。2023 年 1—5 月，全市农产品出口 18.87 万吨，同比增长 4.6%，其中，蔬菜及制品出口 16.1 万吨，同比增长 4.2%，占潍坊市蔬菜及制品出口总量的 58.33%，2021 年成功入选省第一批农产品出口产业集聚区。

（二） 提升了技术标准

制定生姜等 33 个出口农产品生产技术操作规程和 200 多个生产标准，将"安丘标准"升级为"国际标准"，安丘市被评为国家蔬菜技术标准创新基地、国家级农业综合标准化优秀示范市。建成生姜、芦笋、大樱桃和草莓生产标准化示范区 4 个，农产品标准化生产比重达 85%。山东沃华农业科技股份有限公司制定的《大葱工厂化育苗技术规程》国家行业标准，填补了国内大葱工厂化育苗的行业标准空白，为大葱集约化、标准化育苗提供了技术支撑。

（三） 提升了品牌价值

注册农产品品牌商标 1 543 个，"三品一标"农产品发展到 510 个，其中国家地理标志产品 8 个、创建省知名农产品企业产品品牌 4 个、省知名农产品区域公用品牌 1 个。安丘市入选山东省优质农产品基地品牌十强市，品牌价值达到 216 亿元。纳入"安品味来"农产品区域公用品牌体系的特色农产品 109 个，平均溢价率达 25%。

（四）拓宽了增收渠道

为支持预制菜产业发展，建设"村社一体化"产业类合作社 500 多家，年增加村集体收入 1 000 多万元；140 多个村通过引进农业企业、创办企业项目推进乡村特色产业发展，带动农户近 2 万个，年增加安丘市农民年收入超 2.4 亿元。

▷▷▷ 四、 经验启示

（一）通过强化支撑保障，高质高效推进

强化组织领导，健全工作机制，是支持推动预制菜产业发展的最重要保障。为此，安丘市建立实行专班推进机制，成立由市委、市政府主要负责人任组长的预制菜产业高质量发展工作领导小组，开展半月一调度、一月一观摩，统筹推进预制菜产业发展工作。同时，在严格落实支持现代农业发展扶持意见等政策的基础上，制定完善税收、人才等方面的优惠政策，对运营公司、入园企业给予政策支持。秉承"店小二"服务理念，对预制菜建设项目全面落实绿色通道、帮办代办、企业开办秒批等"一站式"服务，确保项目早落地、早开工、早见效。对预制菜产业优质项目，实行土地优先供给、资金优先倾斜、人才优先协调。

（二）通过搭建园区载体，加快集聚发展

现代农业产业园有利于加快转变农业产业发展方式，提升农业发展质量，是展现农业发展成果的重要平台。为此，安丘市按照"建设产业园、形成产业集群、构建产业生态"的发展模式，高标准规划建设了总投资 100 亿元、占地 6 000 亩的中日韩高端预制菜食品产业园，三年内产值达到 100

亿元，五年内产值达到 200 亿元。其中一期投资 50 亿元、占地 3 000 亩，布局生产加工、冷链仓储、科研创新等 9 大功能区，年内计划完成投资 20 亿元以上。

（三）通过强化项目支撑，助力提档升级

产业发展关键靠项目。安丘市牢牢抓住项目建设这个"牛鼻子"，坚定实行产业链式招商聚焦延链补链强链，引进实施日世果酱深加工、中粮粮谷小麦深加工、沃和精深加工等重点预制菜项目。支持正大蛋业、渠风食品、振祥食品等骨干企业膨胀规模，引导福克斯食品有限公司、山东华涛食品有限公司、安丘斌祥食品有限公司等企业开发即食、即热、即烹、即配等特色产品，以新产品抢占更广大的市场。聚焦畅通市场流通链，全面推广"安品味来"区域公用品牌，探索高端直供、网络销售、订单生产、专柜直销等销售模式，加快农超对接、农企对接、农校对接，助推走向国内大中城市高端市场，年内交易额增长 50% 以上。支持中国农创港跨境电商服务平台等建设，持续提高国外市场占有率。

撰稿人：王仰杰　安丘市农业农村局

4

老树发新枝　筑巢引凤栖

—— 湖北荆州多措并举全力打造华中预制菜之都

▷▷▷ **一、 背景情况**

荆州市地处江汉平原腹地，东连武汉，西接三峡，北临汉水，南跨长江，是著名的中国粮仓、鱼米之乡，被誉为中国南方的"黑土地"。

"大江大湖大平原，好水好土好味道"为荆州市发展预制菜产业提供了强大的资源支撑。一是基础农业发达。水稻油菜产量位列湖北第一，蔬菜、生猪、家禽产量居全省前列，特别是淡水产品产量连续 20 多年居全国市州第一，全国每 4 只小龙虾就有 1 只产自荆州市。二是食材品种繁多。现种养各类食材 200 余种，其中水生蔬菜和肉类占一半以上。三是美食文化悠久的"楚菜"作为荆州地方菜系已有近 3 000 年历史，鱼糕、甲鱼、鳝鱼等特色菜品均有深厚的历史文化渊源。四是配料种类丰富。经过漫长的历史传承，可生产豆瓣酱、甜面酱、黄豆酱、豆豉酱、辣椒酱、牛肉酱等众多配料产品。五是烹饪技法独特。荆州地方菜系兼容南北口味的特点，让荆州市预制菜具备畅销全国的先天优势。六是物流方便快捷。已建设成为集"铁""公""水""空"于一体的立体综合交通枢纽城市，正在全力打造国家级农产品交易集散基地。七是人力资源禀赋。拥有长江大学等 7 所高校和 50 个院士专家工作站，是湖北省第二大人才密集地，劳动年龄人口达 300 万人以上。八是营销基础坚实。拥有农产品类驰名商标 15 件、地理标志商标 64 件、地理标志保护产品 12 个；建有"四通一达"的华中快递电商总部，电商从业人员 5 万余人；城镇人口 291 万人，预制菜团餐市场潜力巨大。

农业产业优势、区位交通优势、发展空间优势叠加，"十四五"开局之年，荆州市市委市政府提出了"打造华中预制菜之都"的目标。2021 年，湖北小胡鸭食品有限责任公司、湖北华贵食品有限公司、湖北东南醇清真牛肉食品有限公司等 48 家规上预制菜企业实现产值 66.84 亿元，预制菜产业已初具规模。

▷▷▷ 二、　主要做法

乡村要振兴，产业是根本。资源优势不等于产业优势，荆州市作为传统农业大市，这棵千年大树立于预制菜产业风口，如何重新生长出万千新枝，推动一二三产融合发展，还面临四方面问题。一是市场份额较小。2021 年度荆州市预制菜企业数量和产值分别占规上农产品加工企业总量的 13% 和 7%，与量大质优的农产品资源优势相比，所占比重明显偏低。二是品牌效应较差。预制菜品牌除"华贵藕带""小胡鸭"等具有一定影响力外，大多数产品和生产企业品牌影响力有限，以产量偏低的小众品牌产品居多，产量相对偏大的小龙虾系列产品品牌影响力明显不足。三是标准化程度较低。截至 2023 年，荆州市现有预制菜涵盖了即烹、即热、即配和即食 4 个品类 22 个小类，除小胡鸭、华贵食品及少数大型小龙虾加工企业标准化程度相对较高外，其他大多数产品生产流程、产品标准等方面亟待规范。四是产品研发不够。荆州市本土流行的糯米丸子、早堂面、荆沙甲鱼、财鱼火锅、毛市佬面点、绿豆皮等特色美食目前尚无相关企业进行产品开发，没有形成工业化流水生产线。

2022 年，锚定建设"华中预制菜之都"的目标，在充分调研的基础上，从七个方面推动预制菜产业突破性发展。

一是出台支持预制菜产业发展的政策措施。扶持政策将从壮大产业集群、建设研发平台、构建监管体系、培育示范企业、培养产业人才、加强仓储冷链物流建设、拓宽品牌营销渠道、加大财政金融保险支持力度等方面综合发力，全力促进荆州市预制菜产业加速发展。

二是制定建设华中预制菜之都的中长期规划。《荆州市预制菜产业发展五年规划纲要（2023—2027 年）》提出，经过 3~5 年努力，力争全市预制菜产业规模达到 300 亿元，预制菜全产业链规模突破 1 000 亿元，年均增速 25%，把预制菜产业发展成荆州市的支柱产业。

三是成立华中预制菜之都产业研究院。整合政府、高校、龙头企业、行业协会，通过共建专业、共设基地、共组团队、共享资源、共创成果、共育人才、共担责任，探索预制菜产业链、创新链、教育链的有效衔接机制，打造华中地区集人才培养、科学研究、技术创新、企业服务、学生创业等功能于一体的示范性人才培养基地。

四是建设华中预制菜之都产业园区。在荆州高新区和荆州空港经济区北片区规划建设预制菜全链条产业园，支持各县市因地制宜建设预制菜产业园区。通过人才培训、平台运营、政策扶持等优质配套服务，吸引一批预制菜龙头企业快速入驻。

五是制定华中预制菜之都质量标准体系。聚焦荆州市农业品牌优势资源，针对地方特色美食，组织政府主管部门、行业协会和科研院所从政府监管和企业生产两个维度研究制定系列预制菜地方标准和企业标准，增强荆州市预制菜产业整体竞争力。

六是培育华中预制菜知名品牌。强化农产品质量安全追溯管理和农产品质量安全检测体系应用，大力推进种养殖绿色化、标准化建设。市财政每年统筹安排 1 000 万元专项资金，资金集中用于预制菜品牌培育和宣传工作，全力打造预制菜知名品牌。

七是举办华中预制菜之都招商大会。联合湖北省农业农村厅共同举办首届华中预制菜之都招商大会暨预制菜产业荆州峰会，组织开展招商签约、研讨交流、楚菜品鉴、采购对接和产品展销等活动，吸引全国各地资源向荆州市聚集，推动荆州市预制菜产业迈上专业、健康、快速发展的轨道。（首届华中预制菜之都招商大会签约现场见图 4-1）

图 4-1　首届华中预制菜之都招商大会签约现场

▷▷▷三、 重要成效

一是头部企业竞相落户，预制菜产业发展基础不断壮大。2022 年荆州市集中招商力量，加强与锅圈实业（上海）有限公司、正大集团有限公司、山东青果食品有限公司等预制菜头部企业跟踪接洽，集中签约 65 个项目，投资额达 556.46 亿元，其中农产品深加工项目 59 个，现代农业项目 6 个。相继落地的安井食品集团股份有限公司、上海麦金地集团股份有限公司等龙头企业不仅有效促进了农民就业和增收，更为农民专业合作社带来了先进的生产技术和广阔的外销市场。

二是经营主体加速转型，预制菜产业发展动力显著增强。2022 年荆州市农产品加工企业围绕预制菜产业在标准化建设、新品研发等方面加速开展技术改造，预制菜企业数量和产值较 2021 年稳步提升，预计可达到 80 余家和 90 多亿元 。"预制菜企业+合作社（村集体）+农户+基地"的农业产业联合体迅速发展，2022 年预制菜行业全市新申报省级农业产业化联合体 3 家，预计可带动 15 家农民合作社、15 个家庭农场、8 100 户农户抱团发展，营业收入达到 4.73 亿元，带动农户实现增收 1.6 亿元。

三是品牌效应日益凸显，预制菜产业发展氛围愈发浓厚。2021 年"洪湖莲藕""荆州鱼糕"相继登陆央视"品牌强国工程"。2022 年"荆州味道就是抖味"首届抖音短视频大赛围绕荆州市预制菜开展推介，总播放量超 2.2 亿次。荆州市预制菜招商大会采购对接活动中，来自全国的 96 家企业与荆州市 54 家预制菜企业达成合作意向，现场签约 5 亿元，签订产品订单 2.1 亿元。随着"荆州味道"区域公用品牌不断擦亮，"华中预制菜之都"的影响力持续提升。

▷▷▷ 四、　经验启示

一是强化政策引导，大力开展招商引资。立足地方优势资源，出台专项发展规划，坚持一张蓝图绘到底。加强政策和制度建设，结合实际明确政策支持重点，增强政策的系统性、精准性、有效性。围绕一二三产融合发展的目标，推进政策衔接，整合项目资源，强化链式利益联结，推动预制菜全产业链发展。全力招引龙头企业，借船出海做大产业底盘，快速形成集聚效应。

二是强化要素整合，全面优化发展环境。围绕预制菜产业链，促进农牧渔"内向"融合、产加销"纵向"融合、农文旅"横向"融合、新技术渗透"逆向"融合、产园产村"多向融合"和多元主体利益融合，全面提升生产加工、冷链物流、技术人才、经营销售和消费市场等要素配置。

三是强化品牌建设，持续开展宣传推介。做好品牌培育，把质量作为品牌的生命线，不断强化标准化建设和农产品质量安全监管。做好品牌营销，常态化开展招商推介及展销活动，让企业、专家以及媒体全方位了解预制菜产业发展的基础、优势和前景，不断增强各界关注热度和投资信心，从而带动外部优势资源向品牌主体集中。

撰稿人：毛宇峰　付云峰　荆州市农业农村局

5

夯实"洪湖莲藕"三产融合基础
推进乡村产业高质量发展

——湖北洪湖打造莲藕全产业链

▷▷▷ 一、 背景情况

近些年，洪湖市以莲藕为主的水生蔬菜产业，全面贯彻全产业链发展的新理念，坚持全产业链发展，着眼洪湖市莲产业链的短板弱项，加大龙头企业培育推进力度，在"品种培优、品质提升、品牌打造、标准化生产"上下功夫，大力推进"基地规模化、模式高效化、生产标准化、经营产业化、营销品牌化"的产业化发展进程，经济、生态、社会三大效益同步增长。"洪湖莲藕"于 2019 年，获批国家特色农产品区域公用品牌，评为 2019 中国农产品区域公用品牌最佳市场表现品牌；2020 年，被评定为中国特色农产品优势区，获湖北省第二届地理标志大会暨品牌培育创新大赛金奖；2021 年，斩获首届"我喜爱的湖北品牌"电视大赛金奖，入选国家知识产权局第一批地理标志运用促进重点联系指导名录；2022 年，入选湖北省荆楚品牌培育工程和全国农业品牌精品培育计划名单。

▷▷▷ 二、 主要做法

（一）在"推"字上下功夫，支持洪湖市莲藕产业发展

洪湖市市委市政府领导高度重视莲藕产业发展，市委书记、市长多次召开专题会议，多次深入企业实地解决企业面临的难题。组建莲产链工作专班，采取"一条产业链、一位市领导、一个牵头部门、一个专家团队、一个工作方案、一个支持政策、一个工作专班"工作模式，按照"一心、两带、三区、四片"功能布局，全力推进七大工程（重点实施种业振兴、标准化生产基地提升、主体培育壮大、产业科技创新、三产融合发展、品牌培育、流通体系建设）建设。

（二）在"提"字上下功夫，促进洪湖市莲藕质量提升

通过开展校市合作、校企合作，精心实施院士专家服务莲藕产业的"515"行动，引进推广新品种，提高莲藕产量和品质。引导市场主体建立标准化生产基地，华贵食品公司、莲承公司、忆荷塘公司等市场主体创办莲藕、莲渔等示范基地 2.5 万亩，辐射带动全市 12 万亩莲藕和 4.5 万亩藕带标准化种植。

（三）在"牌"字上下功夫，扩大洪湖市莲藕市场影响力

通过举办"洪湖莲藕"新品展示暨发布会、洪湖市农产品品牌进京推介暨农餐对接会，组织莲藕生产经营主体"走出去"参加全国农博会、农交会、绿博会等展会，加大"洪湖莲藕"品牌宣传推介力度。"洪湖莲藕"作为"中国荆楚味·湖北农产品"连续 4 年登陆央视，得到《走进老区看新貌》《源味中国》《丰收的大地》和《人民日报》等中央媒体高度关注，其知名度不断提升。

（四）在"融"字上下功夫，延伸洪湖市莲藕全产业链

一是与产业融。引导龙头企业"创建一个基地、对接一个合作社、带动一个产业"，提高经营化水平。二是与扶贫融。针对贫困户产业开发增收难的问题，探索出"村两委领办创办合作社+贫困户"模式，将扶贫车间建在村民家门口，使贫困户在家门口就有就业的机会。三是与旅游融。加大全国休闲农业与乡村旅游示范县的创建力度，以洪湖蓝田生态旅游风景区、芙蓉大道十里荷花景观长廊和环湖绿道野生莲藕荷花为载体，打造洪湖市原生态莲藕观光园。四是与市场融。借助"互联网+"，搭平台，拓渠道，促营销，不断加大莲藕系列产品的上行力度，洪湖市网红电商快速崛起，洪湖市莲藕系列产品成为网上爆款，年电商交易额达 8 亿元。

▷▷▷ 三、 重要成效

洪湖市与华中农业大学、长江大学、湖北省农科院、武汉市农科院等"名院名校名所"共建共创，共建立院士专家工作站 6 个，引进科技人才 23 人，引进新品种 5 个，推广新模式 6 个。有 10 个省级以上科研单位设立的研发平台，专业技术人员达 152 人，拥有发明专利 48 个，专利授权 29 项，每年引入新品种、新技术、新模式近 10 项。洪湖市莲藕一是产业基础好，

2022年洪湖市水蔬菜种植面积23万亩，其中莲藕种植面积21万亩，产值近20亿元，从业人员12 358人，居全国县市区前列。二是加工能力强，全市现有规上加工企业35家（国家级1家、省级5家），年加工莲藕10万吨以上，年产值近26亿元。三是三产融合足，以洪湖莲藕为特色的赏荷花、摘莲蓬、品全藕宴的优势文旅业，带动全市8家旅游公司和57家乡村旅游点，年旅游消费收入达20亿元，带动近2万人就业。四是品牌影响大，拥有中国驰名商标1个（洪湖水乡），湖北名牌产品1个（洪湖藕带），国家地理标志产品5个（洪湖莲子、洪湖藕带、洪湖莲藕、洪湖荷叶茶、洪湖莲子），拥有有机食品5个，绿色食品13个。值得一提的是，莲藕同一作物同时拥有4个国家地理标志，在全国独一无二。

▷▷▷ 四、 经验启示

（一）坚定聚力发展的决心，促进产业强力发展

一是坚定信心。深度学习、深度思考、深度工作，才能逆势而上，顺势而为，推动洪湖市莲藕全产业链发展。二是下定决心。集中全市精力主打"洪湖莲藕"区域公用品牌，形成主推的决策、主推的班底、主推的机制、主推的政策，在全市上下形成共识，齐抓共管、分工协作，共同推进莲藕产业发展。三是高位推动。举全市之力，加大政策、资金、人才、资源要素等保障力度，组建莲藕产业发展局（或中心），高标准推进莲藕产业链建设，高位推动洪湖市莲藕产业发展。

（二）培养品牌引领发展的耐心，促进产业价值赋能

一是强化规划编制。聘请顶尖团队，编制洪湖市莲藕产业发展规划（2023—2030），坚持"一张蓝图绘到底"。明确部门工作职责，建立工作推进机制，确保规划落地生根。二是推动企业抱团发展。整合莲藕产业新型

经营主体和社会化服务组织,组建集科研、金融、互联网、文化、品牌机构和莲农于一体的洪湖市莲藕产业联盟,推动"洪湖莲藕"在中国 A 股上市。三是发挥品牌叠加效应。出台《"洪湖莲藕"农产品区域公用品牌授权和使用管理办法》,规范"洪湖莲藕"品牌运营和监督管理。坚持政府、企业双轮驱动,培育"区域公用品牌"+"企业自主品牌"双品牌,实现品牌价值叠加。四是拓展品牌营销渠道。积极开拓国内国际两个市场,推动线上线下销售。组织洪湖市莲藕系列产品进宾馆酒店、进社区企业、进交通站场、进景点景区、进商场超市等"六进"活动,全面挖掘本省市场潜力,扩大消费。采取"线下+线上"方式融合,举办洪湖市莲藕产业发展大会,展示洪湖市莲产业、莲科技、莲文化成果。(洪湖市莲藕标准化原料生产加工基地见图 5-1)

图 5-1 洪湖市莲藕标准化原料生产加工基地

(三) 保持提升质量标准的恒心,促进产业品质升级

一是制定全产业链标准体系。规范运营洪湖市水生蔬菜产业开发研究会,制定统一的生产、加工、包装、流通、溯源等全产业链的质量标准,完善洪湖市莲藕"全国标准"和系列产品"湖北标准",引领产业聚焦发展。加大对洪湖市莲藕原料、半成品、成品的检验检测和打假惩戒力度,

规范市场运行秩序。二是建设产品质量检测机构。加快推动洪湖市公共检验检测中心"双认证"，建成全国首家水生蔬菜（莲藕）产品质量检验检测中心。三是建设标准化原料生产加工基地。以龙头企业为引领，按照"绿色食品原料标准化生产基地"标准，建设一批标准化莲藕种业基地、种植基地，打造标准化"原料车间"。加强莲藕产地仓储保鲜、冷链物流体系建设，打造标准化"存储车间"和"加工车间"。建立"龙头企业+合作社+基地+农户"的紧密利益联结机制，实行统一供种、统一田管、统一收获、统一加工、统一品牌、统一销售的"六统一"模式，探索"土地流转得租金、入股分红得股金、产业发展得现金、就业务工得薪金、政策奖补得奖金"的"五金"模式。（洪湖市莲藕标准化生产车间见图5-2）

图5-2　洪湖市莲藕标准化生产车间

（四）展示转型升级的雄心，促进产业融合发展

一是强化科技攻关。以市场为导向，发挥科技支撑作用，支持省级以上专家在洪湖市兴办产学研基地，联合华中农业大学、省农科院、武汉农科院蔬菜所等科研院所开展科技合作，加强产品创新研发。组建洪湖市莲藕产业研究院，全盘谋划洪湖莲藕产业发展战略。二是推进精深加工。引

进先进的加工设备和生产工艺,实施扩能改造和技术创新,深度研发"洪湖莲藕+"产品,开发莲产品、发展莲机械、莲包装等相关产业,做强精深加工产业,做到把莲藕物尽其用。三是发展"六次产业"。以现有规模较大的万全、大沙湖莲藕基地为载体,加快建设集莲藕种植、加工、销售于一体的智慧莲业,推进莲藕全过程精细化管理,提升信息化、智能化水平。组建洪湖市莲藕文化研究院,建设洪湖市莲藕博物馆,策划"洪湖荷花节",深度挖掘莲文化,讲好莲故事,营造宣传氛围,打造一批莲文化休闲旅游示范点和科普教育展示基地。推动休闲莲业、观光旅游基地建设,开发适合老中青幼特点的旅游项目,让莲藕产业产生更多价值。

撰稿人:张献忠 洪湖市农业技术推广中心

6

发挥鱼品资源优势 助力鲟鱼产业发展

——黑龙江抚远推出冷水鱼预制菜产业新名片

▷▷▷ 一、 背景情况

我国是世界鲟鱼养殖大国，是较早开展鲟鱼产品对外贸易的养殖国之一。在推进"一带一路"倡议的新形势下，中国水产品出口贸易迎来了发展机遇。抚远市位于祖国东极，全市总面积 6 040.97 平方公里。东面、北面与俄罗斯隔黑龙江、乌苏里江相望。黑龙江、乌苏里江有数千米流经抚远市，大小河流数十条，湖泊泡沼数百个，水域资源、鱼类资源极其丰富，21 科 105 属种，主要经济鱼类 34 种。2022 年渔业年产量 8 171 吨，年捕捞量2 465吨，年养殖量5 706吨，实现年产值3.8亿元。抚远市有中国"淡水鱼都"的美誉，也因盛产史氏鲟和达氏鳇被国家命名"中国鲟鳇鱼之乡"。

近年来，抚远市充分发挥淡水鱼地源优势，集中人力、物力、财力重点打造研发"冷水鱼预制菜"产业项目，积极抢抓预制菜行业发展"新风口"，着力擦亮"冷水鱼预制菜之都"的城市名片。2023年，高标准举办"中国首届冷水鱼预制菜高质量发展大会""冷水鱼烹饪大赛""冷水鱼预制菜选品会"，诚邀百余家预制菜企业和知名大厨到抚共享盛世，大会立足抚远市丰富的渔业资源，通过系列活动，以企业+专家、线上+线下、投资+研讨、本地优质项目推介+外地企业经验分享等多种形式，充分结合抚远市冷水鱼产业链优势，突出"黑土"优势，叫响"冷水鱼都"产业品牌，助力打造百亿级三江鱼预制菜产业集群，评选出具有代表性的"冷水鱼十大美食""抚远十大冷水鱼美食机构"。其中，具有冷水鱼之冠的"阿津怡"鲟鱼、鲟鱼子酱、鳇尚皇涮鱼锅等预制菜品牌获得了与会嘉宾的一致好评。鲟鱼作为黑龙江的名特优亚冷水性鱼种，其风味鲜美，营养丰富，富含人体所必需的8种氨基酸和不饱和脂肪酸，特别是其鱼卵加工而成的"黑鱼籽酱"品质极佳，素有"黑珍珠"之美称，被称为世界的三大珍品之一。鲟鱼全身为宝，胃、唇、骨、鳔都是烹制名菜的上等原料，并具有明显的药用价值，鲟鱼肉及鱼卵营养丰富，富含维生素A、维生素B和维生素D，以及钙、锌、镁、铁和硒等微量元素。鲟鱼子酱内含人体所需的18种氨基酸和19种脂肪酸，还含有维生素A、维生素D、维生素C、维生素E等多种维生素，以及丰富的叶酸、亚麻酸、亚油酸、硫酸软骨素等营养成分。

▷▷▷ **二、主要做法**

（一）加强品牌宣传营销，打造抚远鲟鱼品牌

2011 年 11 月 15 日，抚远鲟鱼被认定为中华人民共和国农业农村部地理标志农产品，抚远鲟鱼系列产品已在国家商标局注册品牌商标"阿津怡"（赫哲语：鳇），鲟鱼系列产品多次参加中国农副产品博览会（长沙）、深圳渔博会、福州（国际）渔业博览会、哈尔滨国际经济贸易洽谈会及央视《舌尖上的中国》等活动。2020 年年初，通过 CCTV-17 农业农村频道，品牌方参与摄制了《美丽中国乡村行》之《最美冰雪行——赫哲族铃铛网捕鱼》，在冰雪中带观众一起领略华夏东极的抚远系列鱼文化。2022 年年末"阿津怡"鲟鱼、鲟鱼子酱产品被授予第一批使用"黑土优品"品牌，抚远各渔业品牌企业生产的优质鲟鱼产品也不断得到各省市、各渠道采购商的认可和好评，抚远鲟鱼品牌影响力、美誉度不断提高，竞争力不断增强，抚远鲟鱼名片不断被擦亮，推动了渔业高质量发展，助力了渔民增收、渔村发展，得到更多地域、更多人们的关注和品尝，既鼓了抚远市渔民的钱袋子，也丰富了全国人民的菜篮子，叫响了"抚远鲟鱼"品牌影响力。（鲟鳇鱼现代产业园区项目效果图见图 6-1）

图 6-1　鲟鳇鱼现代产业园区项目效果图

（二）发展鲟鱼生态养殖，特色产业助农增收

近年来，抚远市坚持打好生态牌，做好"水文章"，念好"山字经"。在保护好生态环境的前提下充分利用本地资源优势，因地制宜发展冷水性鱼产业。采取"企业+合作社+养殖户"的渔业产业发展模式，与养殖户签订购销合同，做好管理科学、苗种优质、养殖规范、饲料优质及销售畅通五个方面，既降低养殖成本，又提高了养殖户的收益，同时为二产加工提供了有效的保障。

（三）构建食品安监体系，保障预制菜高质发展

健全食品安全追溯体系，完善预制菜行业监管机制。规范预制菜全链条、全过程监管。依法公开信息和实施失信联合惩戒，从生产、加工、包装、冷链、物流等环节上确保产品质量安全。支持预制菜行业协会等社会组织发挥作用，提高行业自律、自我发展水平。推动预制菜生产企业落实食品安全主体责任，发挥信用监管作用，开展预制菜企业诚信体系评价，强化对诚信经营企业的奖励支持，加大对违法失信生产经营企业的约束惩

戒力度。（冷水鱼预制菜展品见图6-2）

图6-2　冷水鱼预制菜展品

▷▷▷三、　重要成效

（一）夯实了项目建设的基础

2023年，抚远市鲟鳇鱼现代产业园区开工建设。抚远市将以园区为抓手，进行抚远鲟鱼保种、育种储基因、打造冷水鱼种业强市，以推动渔业供给侧结构性改革为核心，以引进科技支撑，培育龙头企业，一二三产融合，品牌化建设，智能管控为目标，加快构建现代渔业产业体系，突破苗种资源、绿色健康养殖、水产品高值化加工、商贸休闲产业等领域存在的短板，实现产业园的四化建设：决策信息化、生产智能化、物流消费数字化、管理科学化。通过建设园区示范，带动整个园区现代化发展。促进产业链、价值链、生态链升级和一二三产融合发展，推进农业供给侧结构性改革和乡村振兴，建成具有鲜明特色的现代渔业产业园，为抚远市及全国渔业高质量发展提供示范。

（二）形成了独具特色的冷水鱼预制菜产业新业态

抚远市以鲟鳇鱼现代产业园区为抓手，以烹饪餐饮行业协会为依托发展冷水鱼预制菜的研发和发展，建设预制菜加工车间，研制鲟鳇鱼、大马哈鱼系列预制菜，建立自有的线上线下销售团队，提高冷链物流仓储能力，使抚远市冷水鱼预制菜销往国内外市场。

（三）拓宽了乡村振兴的岗位需求新渠道

通过政策、活动的有力推动，抚远市的各个鱼制品小作坊已成功转型升级，既扩大了产业规模，也极大地支持了乡村振兴工作的岗位就业需求。截至目前，已增加注册中小微企业 10 家，增加就业岗位 100 个，提升熏鱼制品加工量 50 余吨、增加鲟鳇鱼火锅产量 6 000 套，即熟、即食产品销售 15 000 单。

▷▷▷ 四、 经验启示

（一）立足资源禀赋，以市场需求明确发展方向

根据 2022 年黑龙江省农业农村厅关于《黑龙江省冷水渔业振兴行动方案（2022—2026 年）》的总体规划，抚远市致力于围绕打造"冷水鱼预制菜之都"的工作目标，结合本土优势：一是有黑乌两江天然滋养的冷水鱼；二是有得天独厚的地理位置和便利海陆空的交通，为此抚远市确立了以发展冷水鱼预制菜加工为突破口的农产品加工业，为此后的食品加工业蓬勃发展奠定了坚实的基础。

（二）强化要素供给，以龙头企业带动集群发展

2019 年始，抚远市组织行业部门及商会通过对当地渔民和赫哲族渔猎

饮食民俗文化的发掘和传承，经过专业团队多年对鲟鳇鱼烹饪美食的潜心研究，开发出来的一种极具地方特色的餐饮美食。于 2022 年，抚远市佰信餐饮有限责任公司和东隅欢渔（黑龙江）国际贸易有限公司正式推出"抚远鳇尚皇涮鱼锅"，并在哈尔滨市、齐齐哈尔市、佳木斯市开设中高端的私房鲟鳇鱼锅，打造出黑龙江省最受欢迎的地方名优特色美食，鳇尚皇涮鱼锅不仅成为抚远市特色美食文化中的一枝独秀，其店铺也是抚远市旅游中不可不去的美食品尝打卡地。

（三）严格质量管控，以标准化提升市场竞争能力

强化生产技术规范的应用，在生产、加工、贮藏、运销等各个环节全面推行标准化管理。在原料生产上，按照国标制订完善了多个水产主导品种的标准化生产技术规程，对生产全过程作出了详细规定。同时，采取示范园引导、示范基地带动的方法，推行统一环境质量、统一生产技术、统一农资供应、统一监测方法、统一产品标识等为主要内容的"五统一"操作规程。在加工流通环节上，积极引导企业根据产品消费国标，采用严格的生产工艺，引进先进检测设备，加强生产全过程的质量检测和标准控制，实现了"源头可追溯、流向可跟踪、产品可召回"的管理目标。

撰稿人：高振华 政协抚远市委员会办公室

7

勇挑"盟主"重担　带头发展"桂味"预制菜

——广西农垦集团当好产业"领头羊"

▷▷▷ **一、背景情况**

广西农垦集团有限责任公司（以下简称"广西农垦集团"）始建于1951年，现有土地202万亩，资产总额930亿元，下辖26家二级公司和1家高职院校，在职职工2万余人。建垦72年来，广西农垦集团始终立足农、深耕农、提升农，打造出了制糖产业、生猪养殖业、变性淀粉产业、剑麻制品产业、特色果蔬产业等一批在国际国内具有显著影响力的特色产业，2022年蔗糖产量超过105万吨，占全国蔗糖总产量的10%；2022年出栏生猪超过 302 万头，规模位居全国第 14 位，供港活猪占香港市场份额的 20% 以上；木薯淀粉产业规模在国内最大在国际处于领先地位，是全国第 1 家、全球第 5 家获美国食品和药物管理局（FDA）食品接触码认证的淀粉企业，其产品广泛应用于造纸、纺织、食品、医药、建材、饲料、石油等行业；剑麻产业综合排名位居全国第二、世界前列；果蔬、茶业等产业在区内外也享有良好口碑，是名副其实的保障国家重要农产品供给的国家队、农业现代化的示范区、农业对外合作的排头兵和安边固疆的稳定器。

同时，广西农垦集团也是广西乡村振兴的先锋队、主力军，长期以来坚持通过"公司+基地+农户"等方式，围绕农垦种植、养殖、精深加工等重点产业发展，带动周边农村产业兴旺、农民增收，在推动脱贫攻坚和助力乡村振兴上发挥了不可替代的作用。2022 年以来，根据自治区党委、自治区政府赋予的打造现代一流食品企业、助力乡村振兴新使命新定位和广西预制菜产业联盟"盟主"新任务，广西农垦集团着力加快发展"绿色、健康、养生"预制菜产业体系，形成助力全区乡村振兴的新渠道。

▷▷▷ 二、 主要做法

长期以来，广西农垦集团始终坚持将农垦产业发展与自治区乡村振兴大计紧密结合，通过"四个带动"，带动垦区周边乃至全区农业发展、农民增收，充分发挥了乡村振兴龙头企业引领作用。

一是重点产业带动。通过"龙头企业+基地+农户"方式，让周边农村融入广西农垦集团重点产业体系，带动农民增收。其中，广西糖业集团发挥全国制糖龙头企业作用，带动甘蔗种植 155 万亩，涉及蔗农89 436 户，2022 年兑付蔗款 36.1 亿元；永新畜牧集团发挥全国生猪养殖龙头企业作用，带动 10 家农场公司发展养殖，发展农村代养大户 160 户，养殖规模不断壮大，2022 年代养出栏 177 万头。广西许多优势水果品种也都发源于广西农垦集团的农场，并逐步发展壮大为当地"地标性"特色支柱产业，如广西农垦集团立新农场公司 1981 年率先引种的脐橙,现种植面积 7 500 亩,带动富川县脐橙种植面积 26.7 万亩,年产值 18.69 亿元;广西农垦百润发展有限公司 1983 年首先引种芒果,现种植面积 1.2 万亩,带动百色市种植面积达到 136 万亩,年产值超 55 亿元。广西农垦集团中从事淀粉业、茶业、剑麻业等的专业化企业和各地农场公司也通过特色种养、精深加工产业,带动地方现代种养产业共同发展,形成产业振兴合力。

二是示范基地带动。广西农垦集团与南宁、柳州、桂林、钦州等 10 个市、25 个县区合作建成了明阳"向阳红"、金光"金色阳光"、良圻"永新源生猪"等现代特色农业示范区 35 个,总面积 12.4 万亩,辐射带动周边家庭农场和种养大户近 10 万户,带动现代农业近 100 万亩。例如广西农垦东湖农场有限公司以自有现代胡萝卜种植基地 8 000 亩,辐射带动周边农村 3 万多亩,并配套建成果蔬采后清洗分拣中心、冷藏库等设施,建成广西最大优质胡萝卜产业基地,实现现代高效种植、加工集散、冷链物流一体发展,年产值超 5 亿元,经济效益和社会效益十分显著。

三是垦地联建带动。广西农垦集团高度重视垦地战略对接,已经与柳州、玉林、钦州、贵港、来宾等市签订了战略合作协议,合力发展现代食品农业,助力乡村振兴。由 14 家二级企业负责打造 14 个设区市的区域性食品龙头企业,带动当地食品农业发展。同时积极加强农业产业服务,协助组织成立农机、农资和电商服务等社会化服务组织 50 多个,助力完善农机作业、病虫害综合防治、采收加工、包装销售等农业社会化服务体系,为农户提供更高水平的产前、产中和产后服务,助力农业产业增收增效。

四是脱贫攻坚带动。广西农垦集团 10 家贫困农场成功脱贫摘帽,定点帮扶龙州县 6 个贫困村、那坡县 2 个贫困村按时脱贫摘帽,成功推进与乡村振兴有效衔接。2020 年以来,还利用广西农垦集团的平台和渠道,帮助全区 25 个县(含 8 个脱贫县)100 余种扶贫产品、300 多种名特优产品行销全区和全国其他各地。2020—2022 年销售额达到 6.3 亿元。

▷▷▷**三、 重要成效**

近年来，广西对发挥自然条件和农业产业基础优势，加快做强做大预制菜产业高度重视，并对广西农垦集团等龙头企业寄予厚望，自治区领导专门做出批示："建立自治区级预制菜产业重点企业培育库，实施'一企一策'专项培育，重点支持广西农垦集团等大型国有现代化食品加工企业作为预制菜产业的领军企业"。为此，自治区农业农村厅在 2022 年 8 月举办的粤企入桂"双百"行动启动仪式暨广西现代农业产业链招商洽谈会上，特别安排广西农垦集团牵头主办广西预制菜产业发展座谈会，并作为第一发起人联合全区 45 家行业协会、企业等机构，共同发起成立"广西预制菜产业联盟"。在此背景下，广西农垦集团勇担使命，率先作为，主动担当，大力发展预制菜产业，全力开辟助力乡村振兴新渠道。

一是主动当好产业联盟"盟主"。广西农垦集团在自治区农业农村厅大力支持下，按照"牵好头、成机构、出政策、有作为"的思路，切实扛起广西预制菜产业联盟发起人职责，于 2023 年 5 月 25 日牵头成立了广西预制菜产业联盟，打造推动产业发展、助力乡村振兴的高水平行业组织，打造"从田间到餐桌"的联农带农产业链体系。联盟成立后，推选广西农垦集团为联盟理事长单位。下一步，广西农垦集团将扛起理事长单位职责，与联盟领导机构通力合作，致力于整合和服务全产业链、强化供应链、升级消费链，建成"五个联盟"：一是建成听党指挥、服务民生的联盟，二是建成对标先进、争创一流的联盟，三是建成履行使命、服务大局的联盟，四是建成团结和谐、合作共赢的联盟，五是建成沟通顺畅、运营高效的联盟。引导广大成员单位一道携手同心，奋发进取，奋力迈出广西预制菜产业高质量发展的康庄大道，助力广西经济社会发展和全区乡村振兴。

二是积极当好产业"领头羊"。鼓励推动广西轻工业科学技术研究院有限公司、广西农垦明阳农场有限公司、广西农垦绿色食品集团有限公司等下属企业结合实际，积极作为，充分依托桂垦生猪、肉牛、肉鸽、果蔬等各类原料基地优势，充分发挥广西轻工业科学技术研究院有限公司研发技术，自主研发推出了扣肉、牛腩煲、螺蛳鸭脚煲、乳鸽、油茶等各式各类预制菜产品，并与桂林日清食品有限公司等行业头部企业合作推出了烤鱼、酸菜鱼、小龙虾、虾饺、禾花鱼等30余种水产类预制菜，以及羊杂、羊蹄、古典鸡等多款畜禽类预制菜，初步形成"桂垦"预制菜产品体系。2023年春节前，广西农垦集团还专门召开桂垦预制菜新品发布会，推出6款新春预制菜大礼盒，并在现场展示了40多种预制菜新品，一炮打响"桂垦"预制菜新品牌。

三是着力打造高水平"产业链"。积极开放合作，通过股权合作方式与部分预制菜企业实施"混改"工作，整合资源打造桂垦预制菜全产业链体系，共同推进预制菜产业大发展、大提升、大跨越。加强菜品研发，依托下属广西职业技术学院和广西轻工业科学技术研究院有限公司科研优势，打造预制菜核心技术研发团队，加强预制菜新品研发、营养配比、保鲜保质等关键技术研发，打造核心竞争力。推进打造预制菜产业园区，充分发挥广西农垦明阳食品产业园临近南宁空港的优势，布局打造预制菜产业核心区。着力打造桂垦预制菜销售体系，推动桂垦预制菜进机关、进企业、进商超和进驻全区"桂垦良品"形象店，将桂垦明阳美食街"网红街市"打造成为永不落幕的桂垦美食展，借助桂垦明阳乡谣里、桂林乡谣里等文旅基地打造桂垦预制菜最佳体验地。

通过带头全方位发展预制菜产业体系，广西农垦集团的初级产品向精深加工产品的转化率进一步提升，逐步从"一篮好菜"向"一桌好菜"转型，显著提升了产品附加值，带动垦区农场和广大农村发展现代标准化种植、养殖的能力也进一步增强，对更好助力乡村振兴意义重大。

▷▷▷四、 经验启示

从长期以来的种植养殖"四个带动",到预制菜产业带动新渠道,广西农垦集团助力乡村振兴的渠道不断丰富,能力不断增强,发挥的作用也越来越大,总结起来,主要有四点经验。

一是要始终勇于担当农垦初心使命。农垦系统作为保障国家重要农产品供给的国家队、农业现代化的重要系统,在发展农业产业上具有规模化、组织化、商业化的独有优势,理当勇担使命,发挥好乡村振兴的龙头引领作用。

二是要不断拓展助力乡村振兴渠道。广西农垦集团通过打造现代一流食品企业、打造广西预制菜产业龙头等方式,推动助力乡村振兴工作在传统种植养殖产业带动基础上,通过预制菜精深加工等产业链各环节加强完善与农民的利益联结机制,让广大农村、农民更多分享农垦产业发展收益,形成带动农业发展、农民增收、乡村振兴的新引擎,效果更加显著。

三是要积极发挥好行业组织引领作用。广西农垦集团作为广西预制菜产业联盟"盟主",积极带动联盟 160 多家预制菜产业企业,形成更大联农带农产业体系,形成更广泛的助力乡村振兴合力。

四是要强化开发合作借力推动乡村振兴。一个巴掌拍不响,众人拾柴火焰高。广西农垦集团高度重视开放发展,积极加强与全区、全国头部企业的混改、联营和业务协同,实现桂垦预制菜产业迅速起步,迅速打出市场号召力,对进一步有效提升乡村振兴带动力具有强大的助推作用。

撰稿人:谭良良 广西农垦集团

8

深耕三产联动 打造产业振兴"硬菜"

——重庆云阳预制菜产业探索之路

▷▷▷ **一、 背景情况**

云阳县地处重庆东北部、三峡库区腹心，是长江经济带和成渝地区双城经济圈重要节点，因"四时多云、山水之阳"而得名。区域面积为 3 636 平方公里，辖 42 个乡镇（街道），户籍人口为 133 万，常住人口为 93 万。山清水秀城美业兴文盛，有"万里长江·天生云阳"之美誉。

党的二十大报告指出，"全面推进乡村振兴，坚持农业农村优先发展"和"发展乡村特色产业，拓宽农民增收致富渠道"。近年来，重庆市云阳县把预制菜产业作为连接乡村发展和消费变革的新举措和融合农村一二三产业发展的新模式，务实深耕，乘势而为，拉长链条，壮大规模，切实打造产业振兴的一盘"硬菜"。重庆市宏霖食品股份有限公司（以下简称"宏霖食品公司"）、重庆农高宏霖食品有限公司（以下简称"农高宏霖公司"）等为代表的企业，开发预制菜品类达 200 余种，烤鱼、炖汤等产品约占华东市场同类产品销售份额的 15%，在重庆市预制菜企业中名列前茅。

2022 年 10 月 29 日，重庆市市长到云阳县调研预制菜产业发展，实地视察了重庆农高宏霖食品有限公司（以下简称"农高宏霖公司"）预制菜生产线，希望企业充分发挥技术、渠道、产业链等优势，扩大市场占有率，把美食美味传递到千家万户。

立足实际，着眼发展，预制菜产业方兴未艾，谋定而后动。面对预制菜万亿产业新风口，云阳县县委、县政府审时度势，深耕发展，聚智聚力写好预制菜产业新篇章。

▷▷▷ 二、 主要做法

打造龙头。宏霖食品公司是重庆市农业产业化龙头企业，主要从事复合调味料、速冻调制食品、肉制品深加工等相关产业，其创始人及其团队，有着近 20 年预制菜及食品加工从业经验。从凉拌预制菜、烧腊制品、速冻调制食品，到面条浇头、川渝风味特色菜、粤菜以及常温预制菜等，积淀了深厚的预制菜研发生产技术。其产品销往全国大润发、沃尔玛、盒马鲜生、朴朴超市等超市及电商平台 2 000 余家，在业内具有较好的口碑。但由于投入资金不足、生产场地受限、设备更新较慢，带动性不足。为抢抓预制菜发展机遇，2021 年 12 月，县属国企重庆农高集团与宏霖食品公司共同出资组建农高宏霖公司，注册资本金 2 000 万元，充分发挥国企在融资、管理以及民企在技术、市场等优势，共同做大做强预制菜精深加工产业，打造预制菜领军龙头企业。

夯实基础。2022年1月,农高宏霖预制菜项目入驻县工业园区的农产品精深加工产业园,该产业园水电气及污水处理等设施齐全,充分利用闲置厂房,实现农产品加工项目集聚发展。从前期准备到项目建成,短短6个月时间,改造厂房及配套设施用房1.2万平方米,完成投资5 000万元。同时,与重庆农高集团子公司双核供应链公司签订了原料供应合同,从源头上保障了预制菜产业的高品质和稳定的原料来源。

提升能力。一是强化技术攻坚。充分利用宏霖食品公司近20年积累的食品研发技术,并引进多名上市公司区域负责人、行业技术大师组建技术管理团队,加强预制菜生产关键技术的攻克,自主研发午餐肉灌装、模具设备,获得自主知识产权。二是购置一流设备。生产车间、研发中心、检测中心均按一流标准建设,配置国内、国外最新设备,其中部分设备从德国、意大利进口。三是保持过硬品控。原辅料可溯源、可掌控,引进ERP系统对品控、研发流程进行数据化管控,引进智慧化工厂系统对工艺流程全过程监管,确保产品的品质及口感稳定。

开拓市场。农高宏霖公司以宏霖食品公司原有市场渠道和核心技术为根本,稳住脚跟加速快跑,拓展领域做大份额,不断扩大市场消费。一是做大B端市场。B端市场是当下主要的消费市场,必须重点出击,目前农高宏霖预制菜已稳定销往全国大润发、沃尔玛、欧尚、朴朴、盒马、华润等超市系统以及各大电商平台、餐饮企业、食品加工企业等。二是拓展C端市场。针对需求激增的个人和家庭消费者,积极组建销售团队,开展各类促销活动,提供贴心周到服务,发展外卖、便利店等业态,不断扩大C端市场。

▷▷▷ 三、 重要成效

联农带农,延链强链,预制菜产业初结硕果。在探索发展过程中,其始终立足"三农",着眼乡村振兴,推动产业链、供应链、利益链"三链"协同发展,预制菜产业结出了丰硕成果。

延长产业链。预制菜产业一头连着田间，一头连着餐桌，通过对农产品进行食品化加工从而联通一产三产，延长了农业产业链条，成为助力乡村振兴的新引擎。宏霖食品公司、农高宏霖公司等一批重点农业企业大力推进预制菜及农产品加工业，推动了全县种植养殖业的蓬勃发展。近年来，云阳县在外郎、高阳、南溪、上坝、清水等乡镇新发展青花椒3万亩、辣椒10万亩、土豆2万亩、胡豆5万亩，全县蔬菜种植面积近40万亩；发展规模养殖场100个，出栏蛋鸡50万只、生猪90万头、牛羊5万头。助推农业组织化、标准化，县级以上农业龙头企业达到154家，"三品一标"农产品达到184个。预制菜产业孕育着巨大的消费需求和广阔的市场空间，助推农产品卖得更好、更多、更远，提高了品牌知名度、美誉度，"天生云阳"农产品年销售额达23亿元。

壮大供应链。由于受快节奏的现代生活方式、更便捷的消费观念影响，以及疫情等因素，"懒人经济""宅家经济"悄然兴起，预制菜市场需求旺盛。但目前预制菜行业产品同质化竞争较为突出，市场呼唤更具特色、更有竞争力的产品。正是基于对市场的冷静观察和客观分析，农高宏霖公司开发出了含肉量高达92%的一人份袋装午餐肉，填补国内产品空缺，并成为军供食品；针对市场对川渝、粤系预制菜的持续需求，创新配方开发了独具风味的"八大碗""炖汤""年菜"，获得消费者高度认可；面向本地企事业单位及餐饮小吃店，生产各类面点制品，让早餐变得更加便利。消费可以创造，从供给端发力，往往可以产生更加微妙的"化学反应"。宏霖食品公司倾力打造"舌尖上的美味"，创造"美食消费需求"，开发出了"万州烤鱼""摇滚土豆""胡椒猪肚鸡汤"等预制菜爆品投放市场，畅销长三角、珠三角、京津冀一带，其中"万州烤鱼"在华东大润发系统预制菜中的销售额连续数月位居榜首，"胡椒猪肚鸡汤"在近一年来销量稳居前三。

强化利益链。预制菜产业发展一方面依托当地的原辅料资源优势，保障企业原材料供给、降低成本；另一方面能够推动订单式农业发展，为区域内相关农产品稳定销路，保障农民基本收入。云阳县泥溪镇是全市 18 个深度贫困镇之一，宏霖食品加工香菇下饭菜、菌菇鸡汤、香菇焖猪蹄等需要大量香菇，为帮助当地群众增收致富，该公司与村集体经济组织签订订单，年收购香菇 30 多吨，成为当地主要的脱贫产业。外郎乡地势偏远、山大坡陡，近几年发展起来的青花椒产量丰盛，宏霖食品针对其清香酥麻的特点，开发出了高品质的青花椒酱、青花椒鸡、青花椒鱼等产品。在清水土家族乡等中高山乡镇发展高山萝卜地、青菜地 10 000 亩，制作成的萝卜干下饭菜、梅干菜下饭菜、芽菜扣肉等产品，成为网红爆品。通过引导供应、建立原材料基地，带动农户 5 000 余户，农户年增收超过 3 000 元，增加农民经营性收入。同时，在生产和销售环节，提供就业岗位 300 余个，月平均工资 3 000 元，促进了本地就业，增加农民工资性收入。预制菜产业正成为云阳县巩固拓展脱贫攻坚成果的富民产业。

▷▷▷ 四、 经验启示

深耕细作，精心调制，让预制菜更加美味芬芳，预制菜产业发展必将掀起新浪潮。如何顺势而为，让一盘"硬菜"更加美味，这值得深思。

因地制宜做规划。预制菜产业竞争日趋激烈，成本控制是关键，保持合理利润才能实现可持续发展。并不是任何地方都适合发展预制菜产业，要避免"花钱赚吆喝"。云阳县之所以适合发展预制菜，是因为具有农业大县的基本县情，有"全国第三，重庆首个"的全产业、全门类、全品种的农产品区域公共品牌"天生云阳"，农产品种类丰富、品质上乘、量大价廉，能够保障大量供应生产，而且还能有效控制成本。预制菜产业要根据原材料品种情况来开发相应的产品，并结合物流情况考虑销售半径，保障企业的合理利润，实现产业的良性发展。

龙头带动增效益。要进一步鼓励引导预制菜生产企业做大做强，在政策、项目、金融等方面给予扶持，充分发挥龙头企业技术、资金、人才、营销等优势，不断开发新产品，延长产业链，提升预制菜产业核心竞争力，增强辐射带动能力。鼓励在具备条件的情况下，大力推进混合所有制改革，引导国有资本入股民营企业，进一步增强预制菜经营主体的实力。要积极引导企业向园区集聚，促进上中下游产业集聚联动，共用平台、共享服务、共建标准、共拓市场，提升产业附加值和新动能。

产品为王树品牌。要突出特色，聚焦粮油、瓜果、蔬菜、畜禽等优势主导产业，发展绿色、特色预制菜。要保障质量，加强生产企业的质量监管，确保产品健康安全；提升管理水平，实现预制菜生产、加工、运输、储存、加热、烹饪专业化、智能化。要打造品牌，结合地域文化打造预制菜产品公用品牌，鼓励企业参加各类农博会、农交会，策划宣传本土预制菜新产品，争取更多"土字号""乡字号"预制菜产品走向全国各地。

政策引领强保障。要出台支持政策，鼓励、引导预制菜生产企业制定菜品标准规范、建设产业基地，通过订单模式，将带动农民增收致富与打造特色预制菜产业紧密结合，不断深化利益联结机制，增强产业辐射能力。要加大扶持力度，帮助企业争取专项资金、融资贷款，协调整合社会资金，强化资金保障。加强物流、用工、用电等保障性支持，落实减税降费等政策措施，进一步降低企业生产成本。积极协调解决企业发展中遇到的问题，创造企业发展最优环境。

市场导向拓销售。强化顾客至上意识，结合地域饮食文化，根据不同区域、不同消费群体进行口味调整，开发有针对性的预制菜产品；把握主流群体的消费理念，加大产品宣传力度，不断研发满足消费需求的丰富品系。加强产销对接，推进"互联网+预制菜产品"出村进城，培育"原料基地+龙头企业+物流配送+终端客户"发展模式，链接农民、企业、电商、超市、消费者，缩短预制菜产品与市场的距离。

撰稿人：重庆云阳县农业农村委

9

做大做强"韶关菌"　竞逐预制菜产业新赛道

——广东韶关打造中国食用菌预制菜之都

▷▷▷ 一、 背景情况

韶关市位于广东省北部，是国家森林城市、国家生态文明建设示范区，拥有丰富的森林、山地和水资源，素有"珠江三角洲生态屏障""南岭生物基因库"之称，得天独厚的生态环境孕育了食用菌等一批优质特色农产品。作为典型的高效设施农业和绿色生态农业，食用菌生产业无需阳光，以农作物秸秆等农林生产下脚料为主要原料，其废渣还可以做饲料和有机肥，具有不与人争粮、不与粮争地、不与地争肥、不与农争时、不与其他产业争资源等特性，是韶关市重点打造的优势特色产业之一。同时，食用菌营养丰富，具有高蛋白、低脂肪的特点，在倡导"一荤一素一菇"为合理膳食结构的今天，食用菌得到越来越多消费者的青睐。

广东食用菌看韶关，韶关食用菌看曲江。2022 年，韶关市曲江区年产食用菌超 5 万吨，年产值超 18.4 亿元，主要食用菌品种的种植规模及产量占全省市场份额的 60% 以上。2022 年 6 月，曲江区预制菜产业园成功入围省级现代农业产业园，为食用菌产业发展带来新机遇。

▷▷▷二、　主要做法及重要成效

（一）探索"12221"市场体系建设，发展特色农业产业

有序推进"12221"市场体系建设，实现品牌打造、销量提升、市场引导、品种改良、农民增收等一揽子目标。一是精准定向。支持以食用菌为主打特色的预制菜产业发展，出台《韶关市食用菌产业发展三年行动方案（2022—2024 年）》《曲江区食用菌产业中长期发展规划》等政策文件，明确食用菌产业的发展方向和目标，推动食用菌产业高质量发展。2022 年 5 月，在全省率先出台《韶关市人民政府关于加快推进预制菜产业高质量发展的实施意见》，加大"12221"农产品市场体系建设力度，完善预制菜营销网络，推动预制菜产业走向更广阔舞台。二是强化保障。成立食用菌营销"12221"市场体系建设工作专班，加强土地、资金等要素保障，采取"政府引导+企业主导"模式优化食用菌产业结构，推动食用菌产业集聚发展。组建经销商进驻市场，联合业务精英打造 2 支队伍开拓国内国际农产品市场。三是建强品牌。加强"曲江食用菌"品牌创建和宣传推广，截至2023 年，曲江区食用菌产业园共有"三品一标"认证产品 46 个（认证面积4 万亩）、省级以上名牌产品 18 个，其中"曲江真姬菇"入选全国名特优新农产品名录产品，"南华草菇"成功创建广东省名特优新农产品区域公用品

牌;在2022年,新增申报中国农业品牌目录农产品1个、广东省"粤字号"农业品牌4个。食用菌及其预制菜产品知名度持续增加。(食用菌预制菜产品见图9-1)

图9-1 食用菌预制菜产品

(二)构建预制菜全产业链条,实现三产深度融合

依托预制菜省级现代农业产业园,形成"生产基地+加工+冷链物流+品牌营销+科技信息支撑"预制菜全产业链条,实现从"田间地头"到"消费者餐桌"的三产融合发展。一是稳定初级产品供给。统筹推进粤港澳大湾区"菜篮子"产品韶关配送中心以及食用菌、丝苗米2个省级现代产业园建设,整合区域初级农产品资源,确保辖区菌蔬、水稻、生猪、家禽等初级农产品充足供应。二是引育预制菜龙头企业。引进、培育一批涵盖生产、冷链、仓储、流通、营销、进出口以及装备生产、包装、印刷等环节的预制菜企业,培育"专精特新"预制菜企业,打造农产品加工"粤北样板";截至2023年,已培育壮大了拥有韶关市最大最标准中央厨房并获得HACCP体系认证的广东省亚北鸿骏供应链管理有限公司、广东民营投资股份有限公司的子公司广东联合央厨食品有限公司等一批预制菜企业。三是完善冷链物流设施。韶关市拥有各类型冷库277个,总容量约25.77万立方米,最

大入库量可达约 15.46 万吨，冷链物流硬件设施较为完备，为预制菜产业发展提供了稳固基础。特别是曲江区食用菌产业园依托省重点农业龙头企业广东亚北农副产品有限公司，按照现代化标准要求打造了一个集食用菌农产品冷链仓储、预制菜生产加工、中央厨房、冷链配送、农业电商、品牌销售、产品溯源、质检平台、产品体验、信息管理于一体的现代农产品冷链商贸园，形成立足粤北、扩散粤港澳大湾区、辐射全国的农产品流通集散地。

（三）搭建国际采购交易平台，打通产品出口渠道

2022 年 7 月，中国（广东韶关）区域全面经济伙伴关系协定（RCEP）食用菌国际采购交易中心揭牌，该中心集农产品交易、冷链仓储、物流配送、生产加工、电子商务、供应链金融、海关检测、报关国际贸易于一体，可提供快速检测、快捷通关等"一站式"服务，对于辖区食用菌等农业企业拓展东南亚等国外市场、助推韶关市农产品出口增长具有重要作用，有力提升韶关市农产品国际竞争力和影响力。仅落地半年时间，韶关市共有 4 500 吨鲜菇通过该交易中心出口海外。同时，韶关海关全面落实促进外贸保稳提质措施，通过线上宣传、政策宣传进企业等措施，全流程"手把手"式指导企业通关享惠；2022 年韶关海关助力食用菌进出口龙头企业实现对外销售额超人民币 9 000 万元，同比增加近三分之一。此外，针对食用菌预制菜产业，韶关市星河生物科技有限公司（以下简称"星河生物公司"）还成立了全球蘑菇应用场景研究院，与非洲 52 国总代理进行战略合作，以食用菌产品为基础开展多领域深入合作，推动韶关市食用菌进入非洲市场。

▷▷▷**三、　经验总结**

（一）强化科技支撑，数字赋能产业园建设

科技创新是农业发展永恒的动力。食用菌、预制菜产业园以星河生物公司等龙头企业为核心，提升农业科技水平，推动产业高质量发展。一方面，加强菌种研发。拥有优良菌种是星河生物公司得以扩大农业队伍的重要因素。星河生物公司设有拥有研发人员60余名的食用菌研发中心，自主研发食用菌品种，保藏多种食用菌种源，共有木腐菌类、草腐菌类、高温菌类、低温菌类、工厂化栽培及农法栽培共计36个食用菌品种、257个菌株；2021年该公司获评广东省食用菌工程技术研究中心。另一方面，推行智慧监管。依托食用菌产业园，利用大数据、物联网、云计算等新一代信息技术，引进先进设备，实现对农产品生产、加工、流通和销售等环节全过程智能化监控，有效追溯农产品生产、运输、储存、消费全过程信息，提升信息化数字化管理水平。比如，对接粤港澳大湾区"菜篮子"农产品溯源管理平台、粤港澳大湾区"菜篮子"指挥平台，实现食用菌等农产品质量可追溯，确保质量安全；又如，通过专业冷链设施智慧管理平台——冰魔方系统、智能冷链物流车队管理系统、冷链仓库信息管理平台，提高冷链仓储物流管理信息化水平，等等。

（二）培育新型农业经营主体，联农带农壮大农业队伍

构建现代农业产业体系、生产体系、经营体系，培育新型农业经营主体，是新时代乡村振兴战略实施的重要推动力量。为转变传统农业经营方式，推进乡村振兴和农民增收，星河生物公司投资1.2亿元建设了食用菌菌棒生产工厂，同时与中科院合作建立华南国家级食用菌良种繁育基地，为食用菌产业的菌种研发、菌棒生产奠定了坚实的发展基础。通过打造产业上中下游的全产业链集聚，星河生物公司为曲江食用菌产业的发展提供了优质平台，由产业集群效应辐射到区域经济发展，为食用菌产业的振兴提供了助力。特别是在乡村振兴及壮大村集体收入、促进农民增收致富方面，星河生物公司坚持"造血式"帮扶，针对韶关地区特殊的气候和产业条件，因地制宜采取香菇产业"龙头企业+平台+村集体+农户+合作社"的联农带农模式，以保产量、保最低收购价回收香菇和线上销售的具体举措，有力壮大了食用菌市场主体队伍，拓展了食用菌全产业链发展路径。

（三）优化电商产业链，让"韶关家宴"预制菜走进千家万户

广东春丰天集网络科技有限公司联合星河生物公司，利用线上线下双渠道，通过线下辅助线上、线上拉动线下的方式科普食用菌知识、推广食用菌预制菜产品，形成食用菌宣传强大声势。截至2023年，主要利用微信公众号"星河爱上蘑力"对食用菌从不同角度进行科普、宣传、引导，并在其他自媒体账号如小红书"理蕈洲 Leafica""蘑呼呼 Mohuhu"、抖音"清华蘑菇"及网店、拼多多、淘宝等线上平台发布各类菌菇知识短视频、上架食用菌及其预制菜商品，吸引各年龄段消费者对食用菌的关注。其中，2022年9月4日抖音"清华蘑菇"直播首播，广东春丰天集网络科技有限公司邀请抖音拥有千万粉丝的达人伏拉夫出镜直播间，深入了解曲江食用菌并进行互动，引起大量粉丝对食用菌的关注。

撰稿人：丘志勇　广东省农业对外经济与农民合作促进中心
　　　　陈文斌　曲江区人民政府
　　　　王泽锋　广东春丰天集网络科技有限公司
　　　　黄清华　韶关市星河生物科技有限公司

10

党建赋能 "预见味来"

——党建引领山东预制菜产业发展

▷▷▷一、 背景情况

山东是中国重要的农业大省之一，拥有广阔的农田和丰富的农产品资源，其地理位置优越，气候条件适宜农作物生长，为预制菜产业提供了良好的基础。随着消费需求的变化以及生活节奏的加快，预制菜作为便捷、健康、营养的食品形式，受到了越来越多消费者的喜爱。2022 年，山东预制菜企业共有 9 246 家，其中 A 股上市企业 7 家，上市企业市值高达 300 亿元。

山东预制菜产业在党的领导和组织下，不断推进规范化、现代化发展，提高农民收入，推动山东农业向高质量发展迈进。

▷▷▷ 二、 主要做法

（一）建立预制菜产业党建联盟

党建联盟通过组织共建、发展共商、活动共办、党员共管、资源共享，促进资源互通、优势叠加，打造预制菜集聚"联合舰队"，真正把党的阵地建在预制菜产业链的最前沿，把党组织延伸到预制菜生产的第一线。山东胶州市率先组建预制菜产业党建联盟，以"预见味来"产业链党建联盟品牌为抓手，全面整合产业链上下游企业，确立"1+1+X+Y"矩阵式组织架构；山东潍坊经济开发区采取"区级领导包靠+职能部门参与+链上企业抱团+产业链联盟帮办"的"1+N+X"模式，组建产业链党委和帮办联盟，建立"1546"工作体系；山东诸城创新实施"党建驱动·'链'上融合"工程，构建"一链条一党建联盟（党委）"，建全行业主管部门领导、龙头企业牵头、链内企业参与的组织体系。

（二）加强党支部组织建设

一是省农业农村厅牵头、省政府有关部门配合建立预制菜产业高质量发展工作协调机制，强化统筹协调，定期会商重大事项，及时解决行业发展问题。比如，龙旺庄街道纪格庄村由党支部牵头领办山东莱阳市三合果蔬种植专业合作社，解决企业买菜难、村民卖菜难等问题。二是注重党员队伍建设，加强党员教育培训。山东潍坊市组织开展党员联管共育活动，先后有10余名优秀党员走上企业管理岗位，通过常态化开展"亮身份、做表率"活动，并设置"党员示范岗""党员责任区"等，引导党员发挥先锋模范带头作用。三是建立企业党组织"联学共建"机制。山东莱阳市推行

"一堂联播党课、一场联合党日、一次联手服务、一个联心品牌""四联"结对模式，建强党建联盟"堡垒"。

（三）完善利益联结机制

山东纽澜地数字农业科技有限公司建立"企业+党支部合作社+农户"三方利益联结机制，以村党组织领办合作社为抓手，真正构建起"党带群、强带弱、富带贫"优势互补、合作共赢的良好发展格局。山东淄博市以提升农村基层党组织的组织力为重点，以强化村集体与农户利益联结为纽带，大力发展村党组织领办合作社，着力打造"党支部+合作社+农民+数字农业"发展模式。

▷▷▷三、 重要成效

（一）带动农民增收致富

村党支部成立的合作社与企业、农户形成三方利益联结，实现了村集体、企业、村民共同致富的新模式。山东莱阳市各农村党支部建立合作社450家，覆盖6万户村民，带动集体和村民增收近1.5亿元；省级贫困村淄博市李孟德村以集体土地等资产入股成立合作社，村集体实现年收入110余万元；仉家村党委成立肉牛养殖专业合作社，流转土地2 000余亩，每亩流转费用1 200元，村集体经济收入突破150万元。

（二）助力企业协同发展

预制菜产业党建联盟的建立，有利于整合全产业链资源，形成种类齐全、链条完整的预制菜企业矩阵。山东胶州市上合新区预制菜产业链党建联盟成员单位涵盖23家预制菜龙头企业和26家产业链上下游关联企业，预制菜产品产值40余亿元，产量约30万吨，实现产业链、供应链全覆盖，助力打造预制菜全链条千亿级产业集群。2022 年，莱阳市预制菜产值达 83.5 亿元，年加工能力 200 万吨，涉及 1 000 多个预制菜品类。山东潍坊市引导上下游及区内企业共同参与，加快培育形成完整、完善的"原料供应—技术研发—企业加工—仓储运输配套—市场销售—品牌打造"的全产业链发展格局。

（三）解决企业难点问题

通过党建引领和党组织示范带动，整合预制菜产业领域的资源，解决各产业主体之间信息不对称、沟通不通畅等难题。山东莱阳市在党建联盟中组成服务"红色专员"，打造"引领企业党建、排解企业需求、对接资源政策、协调解决问题、提出政策建议"的专员队伍，累计开展服务 300 余次，开展"链上食园"助企直播展销、安全生产助企诊断性检查等活动 35 场次，帮助企业解决实际问题百余件。山东潍坊市预制菜产业链党建联盟通过品牌共享、技术共用、市场共拓、人才共育的培育模式，有效破除农业产业链内各单位之间的沟通联动障碍，帮助各成员单位协调解决订单调配、政策兑现、人才引进等难题 70 余项。

（四）提升品牌影响力

山东经过多年潜心耕耘，培育出纽澜地、春雪、上鲜、仙坛等一批知名预制菜品牌，获得市场高度认可。山东胶州市通过党建引领和党组织示范带动，借助胶州大白菜、里岔黑猪等知名原产地品牌，创建全国"地标性"预制菜品牌，全面提升预制菜品牌附加值和软实力，打造服务上合新区发展的"红色引擎"。山东潍坊市以产业链党建助力预制菜企业高质量发展。潍坊匠造食品科技有限公司的预制菜产品在日本市场同类产品中市场占有率位列第一，并成功进入美国、德国、澳大利亚等国家的市场。山东莱阳市抓预制菜发展风口，深入推进"红润梨乡·链上食园"党建品牌建设，推进食品产业"加速跑"。

▷▷▷ 四、 经验启示

(一) 强化顶层设计和政策支持

山东制定相关政策和规范标准，为预制菜产业的发展提供政策支持和保障，出台优惠措施18条，加快打造"中国预制菜之乡"城市新名片。同时，政府加大对预制菜产业的资金支持、技术创新支持和市场推广支持，形成政策引导和激励机制。如山东落实农产品加工、冷链储运、销售等税费优惠政策，建立预制菜产业项目库，优化金融服务机制，量身定做预制菜产业金融支持方案等。

(二) 发挥党组织的领导作用

充分发挥党组织在预制菜产业中的领导作用，以党的路线方针政策为指导，组织动员党员干部和农民参与到预制菜产业的发展中，形成强大的组织力和凝聚力。山东加强党支部牵头引领，组织开展党员联管共育活动，引导党员在一线发挥先锋模范作用。同时，设置"党员示范岗""党员责任区"，组织开展岗位练兵、技术比武，教育引导党员职工在技术攻关、开拓市场等方面创先争优。

(三) 建立产业协作机制

搭建合作平台，促进上下游产业链的合作，实现资源共享、优势互补，推动预制菜产业协同发展。山东建立"企业+党支部合作社+农户"三方利益联结机制以及预制菜产业党建联盟，通过党建引领和党组织示范带动，并整合产业链上下游企业，以红链赋能，加强与政府、合作社、企业、农民等机构的合作，形成合作共赢的局面。

撰稿人：张晓颖　张明霞　霍春悦　杨妙曦　邹慧　农业农村部农业贸易促进中心

11

立足特色资源　推进三产融合

——广西预制菜产业发展走上快车道

▷▷▷一、　背景情况

预制菜因方便快捷、口味较好、品类多及健康卫生，逐渐被广大消费者接受和喜爱，预制菜行业得到快速发展。2021 年预制菜行业规模达到 3 459 亿元，同比增长 18.1%，预计 2023 年行业规模将达到 5 000 亿元。广西农业资源丰富且质优价廉，加上明显的区位优势，预制菜产业发展逐渐走上了快车道，但仍面临以下制约因素。

（一）产业标准化程度不高，预制菜品质保障性不足

产业标准化程度是引领和支持产业高质量发展的重要指标之一。随着预制菜产业的不断发展，预制菜产品种类呈现出多样化的特点，这也使得预制菜原材料品种更为复杂多样，包括禽肉类及副产品、水产品、蔬菜等各类原料。广西多数的预制菜产业企业不具备自建供应生产基地条件，前端原料多采取市场化采购、农户订单式采购或农民合作社等方式，从生产环境、条件、标准、技术等方面无法实现标准化运营，造成原料品质无法保证；而后端产品加工，虽然都能执行食品生产与卫生标准，保证生产原料供应的品质化，但由于加工技术还未形成统一的规范，预制菜产品品质保障性不足。

（二）预制菜难以突破区域限制

我国人口众多，不同地区居民的饮食习惯、口味差异明显，形成了著名的"八大菜系"，致使预制菜难以实现全国化、规模化生产。广西菜品接近东南亚口味，多以酸辣为主，受一定程度的地域制约。我国幅员辽阔，冷链物流运输成本高，在很大程度上制约了预制菜运输半径，阻碍预制菜跨区域发展。冷链配送要求较高、下游客户零散、配送环境复杂、无缝对接难以实现等都是影响预制菜跨区域发展的因素。

（三）预制菜产业研发型和技能型人才缺乏

预制菜产业是农学、食品科学、农产品加工、中医药学等多学科融合发展的结果，涉及不同的研究领域，需要不同专业的技术研究人员。目前广西多数的高校、科研院所、企业等研发团队在专业人员构成上较为单一、配备不完善，缺少多学科、多专业融合的人才。另外，在预制菜产品的销售端，广西预制菜产业的电商直播、市场营销、物流配送等相关职业（工种）技能人才也不足，制约了广西预制菜产业的进一步发展。

（四）预制菜产业联农带农效果仍需加强

预制菜产业发展带动三产融合发展。目前广西预制菜产业主要在加工和销售端发力，在预制菜原料端的发展不足，联农带农的效果还不够理想。另外，广西预制菜产业对乡村文化与价值的挖掘不足，也阻碍了广西预制菜价值的提升。

▷▷▷ 二、 主要做法

（一）加强顶层设计，构建广西预制菜产业发展"四梁八柱"

为加强对预制菜产业高质量发展的指导，南宁市乡村振兴和防止返贫致贫工作指挥部办公室设置了预制菜高质量发展领导小组办公室，抽调各部门精干力量驻点工作。办公室成立以来，促成南宁市与巴龙国际集团有限公司等一批国内知名预制菜头部企业签订战略性合作协议；积极引荐 30 余家会员单位成立了南宁预制菜产业协会，并联合产业协会和南宁餐饮行业协会共同策划"南宁市 2022 年度十佳预制菜企业和百优菜品"评选活动，集聚了南宁市 60 余家优质菜企业、300 多道预制菜品参评，挖掘了本地特色化预制菜品资源。

广西农垦集团在广西农业农村厅、广西工业和信息化厅、广西投资促进局等有关部门的支持下发起成立"广西预制菜产业联盟"，借助联盟促进成员单位抱团发展、强强联合。广西农垦集团充分发挥广西预制菜产业联盟"盟主"作用，推动构建广西预制菜产业发展的"四梁八柱"，加快推动政策集成、要素集聚、功能集合，着力培育"桂垦佳肴"高端预制食品品牌，建成广西区内首屈一指、有效供给全广西乃至全国的预制菜头部企业。

（二）以预制菜产业原料端"联农带农"促增收

广西拥有得天独厚的发展预制菜产业的基础和条件，农产品量多质优、产业基础好、品牌区域多，背靠东盟国家国际市场大，发展预制菜产业优势明显。预制菜产业是优质农产品进入消费端的便捷通道，广西预制菜产业发展显著提升了农产品附加值，引导农户与消费市场对接，有效实现了农产品稳定销售和农民增收。

广西扬翔股份有限公司属于国家级龙头企业，是集生猪、饲料、猪精、智能养殖平台和设备等业务于一体的科技型农牧企业。企业致力于打造"基因+产品+服务+互联网"服务赋能养猪业的全产业链生态平台。该企业在广西贵港市港北区建设有日产 10 万份预制菜的中央厨房食品加工产业。为保证预制菜产品质量稳定，广西扬翔公司在预制菜"原料端"积极探索联动带农机制，帮助农户升级改造生产设施，提供技术支持，并把农户纳入产业发展体系，主动承担产业发展风险，解决农户的后顾之忧。2022 年广西扬翔直接带动 40 户农户，辐射带动 100 户农户，实现农民人均年收入超 2 万元。

（三）以头部企业推动预制菜产业融合发展

乡村振兴，产业是基础。预制菜是一盘菜，对农业、农村、农民都产生了积极影响，预制菜又不仅仅是一盘菜，预制菜产业通过农产品精深加工，推动农产品加工业的集约化、标准化、食品化，一头链接产地田头，一头链接市场餐桌，从种植到加工再到运输和销售，有效推动农业高质量发展，实现农村一二三产业融合发展[①]，为产业振兴提供了新动能。作为预制菜原料基地的南宁乡村振兴产业示范区（邕宁片区）已流转土地面积近 3 万亩，以示范区为深化农村改革的实验区和先行区，辐射带动全市各县

---

① 梁伯钧：《解码广东预制菜 做好乡村振兴这道"硬菜"》，《源流》2022 年 7 月 5 日，第 7 版。

（市、区），走具有南宁特色的乡村振兴之路，让更多农民分享产业增值收益，推动乡村产业发展壮大。

广西农垦集团的农产品量多质优，在产业基础、区域品牌、产业政策、技术研发等方面具备坚实基础和显著优势。广西农垦集团立足广西农业资源优势，建设畜、禽、蔬菜、水果等预制菜生产基地，为预制菜生产提供充足原材料，借助二产工业技术优势优化预制菜生产、加工、保鲜等流程，实现预制菜标准化、规模化生产；融合三产服务优势，完善物流仓储、冷链配送体系，建立线上线下同步推广零售模式，打破区域限制，延伸预制菜销售半径。

▷▷▷ 三、 重要成效

（一）预制菜市场规模、产业规模日益扩大

随着居民生活水平的提高、生活节奏的加快，消费者对于预制菜的需求不断增加，广西预制菜的消费市场也在快速扩大。以南宁威链云优食智谷预制菜产业园为例，其预制菜在南宁市各区县的校园共有 80 万供餐订单。

随着广西预制菜产品市场需求的不断增加，预制菜行业也吸引了越来越多的目光。2022 年 8 月 30 日，由 30 家单位发起的广西预制菜产业联盟成立，显示了广西预制菜产业进入了一个新的发展阶段。同时，广西各级政府不断优化预制菜产业的发展布局，如广西南宁市已规划建设龙光东盟生鲜食品智慧港项目、南宁威链云优食智谷预制菜产业园、南宁乡村振兴示范区（邕宁片区）预制菜产业基地；广西钦州市以自贸区钦州港片区为总基地，建设"1+5"预制菜专业产业园区，打造预制菜产业总部基地。2022 年 9 月 25 日—27 日，2022 中国—东盟预制菜产业博览会在南宁市举行，博览会签约项目金额超 200 亿元，涵盖预制菜产业食材加工、产品研发、原料供应、包装检验、冷链物流等预制菜产业链环节。

（二）预制菜产业政策扶持日益完善

2022 年以来，广西不断加大对预制菜产业发展的政策扶持力度。一是出台政策文件推动预制菜产业规范化和高质量发展。2022 年 8 月广西壮族自治区人民政府出台《关于进一步促进消费的若干措施》，强调提振餐饮消费，鼓励桂菜预制菜产业研发、成果技术转化，支持打造涵盖生产、加工制作、冷链、仓储、营销、进出口以及装备生产等环节的预制菜产业链。2022 年 3 月南宁市出台《南宁市预制菜产业高质量发展三年行动方案（2022—2024 年）》对预制菜产业高质量发展进行全面部署。2022 年 5 月南宁市市场监管局发布《预制菜术语》《预制菜分类》《预制菜冷链配送操作规范》3 项南宁市第一批地方标准，促进预制菜产业的规范化和高质量发展。另外，未来南宁市还将联合有关行业主管部门加快研制《预制菜中央工厂建设指南》《预制菜产业园区建设指南》等一批预制菜产业配套标准，加快引领行业规范化发展；二是通过财政、税收等政策工具不断激发预制菜产业发展活力。以南宁市为例，南宁市设立 1 000 亿元产业高质量发展基金，重点支持食品生产加工等战略性新兴产业发展，用于扶持在南宁市投资的预制菜产业企业；对加入产业园区的食品深加工等各类企业，只要符合西部大开发目录的鼓励类企业及高新技术企业，企业所得税最低可按 9% 征收。

（三）预制菜品牌效益初步显现

为了抢占预制菜产业发展"新赛道"，广西积极打造独具桂味的区域品牌。一是打造"桂字号""广西好嘢""桂垦良品""助农珍优"等一批具有较大影响力的区域农产品品牌，以及"桂小厨""好友缘""三品王"等一批知名餐饮品牌，不断扩大广西预制菜区域品牌影响力。二是培育甘家界柠檬鸭、柳州螺蛳粉、桂林豆腐乳、阳朔啤酒鱼、陆川扣肉、巴马香猪、合浦黄记月饼等一批桂味佳肴，不断丰富桂味美食的多样性。三是建成柳州螺蛳粉小镇、桂林米粉产业园、北海海洋产业园、南宁市农业高新区等一批预制菜产业园区，形成了由广西农垦集团、广西北部湾投资集团有限公司、广西农村投资集团有限公司等一批领衔预制菜产业发展的行业龙头，共同构筑产业发展的强大引擎，进一步夯实了广西预制菜产业基础。

▷▷▷四、　经验启示

（一）借助科技提升预制菜产业标准化水平

针对广西预制菜产业标准化程度低的问题，建议依托广西水产科学研究院等具有一定农产品加工基地的科研院所，成立广西预制菜发展研究中心，加强与预制菜相关企业、龙头企业和行业协会的合作，共同研发预制菜的产业标准。首先，通过"双清单"，即技术供应清单和产业技术需求清单，充分了解产业和市场需求，组织科研力量联合攻关，解决预制菜的共性关键技术和卡脖子技术。其次，以广西粮食、蔗糖、水果、桑蚕、蔬菜、渔业、优质家畜等为主要原料开展预制菜高值化加工关键技术研究，研发高品质预制菜系列产品，充分利用广西特色资源、提升产品附加值、体现广西优势特色产业元素。最后，制定系列预制菜标准，以地方标准、行业标准和团体标准来规范和约束生产行为。

（二）借助平台打造打响广西预制菜特色品牌

广西是面向东盟的前沿和窗口，面向 RCEP①15 个国家、超 22 亿人口的消费大市场，市场优势凸显。广西区位优势显著，成为预制菜产业发展的原材料基地、研发基地、生产基地、物流基地的潜力巨大。广西农业资

---

① RCEP：《区域全面经济伙伴关系协定》（Reginal Comprehensive Economic Parterrship，RCEP）是由 2012 年由东盟发起，由包括中国、日本、韩国、澳大利亚、新西兰和东盟十国共 15 方成员制定的协定。

源丰富，众多农业特色产业规模在全国领先。区域品牌与预制菜的结合不仅是传统产业结构的调整，更是产业空间的升级。广西要多维度开发利用广西农业和饮食品牌资源，加速构建面向东盟市场的产业链体系，融合东盟的饮食文化和菜品是广西预制菜产业特色发展的核心要素之一。建议借助农业农村部贸促中心举办的食品及配料博览会、预制菜产业博览会、渔业博览会、薯业博览会、国际茶日等国际性活动平台，开展品牌打造、推介及营销等活动，进一步打响"果园子""糖罐子""菜篮子""鱼塘子"知名度，不断壮大六堡茶、贵港富硒农产品、浦北陈皮、马山蓝莓、三江稻鱼、大化七百弄鸡等一批新兴产业阵营，打造一批桂味餐饮品牌，逐渐成为乡村产业振兴的强劲引擎。

（三）加强预制菜产业人才的引进和培养

一是加大力度培养和引进不同专业技术人员，完善高校、科研院所、企业等预制菜产业研发队伍，促进多学科融合助力预制菜产业发展。二是把预制菜产业人才培养纳入"桂菜师傅"工程，鼓励职业院校和普通高校增设相关专业课程，加强高校、科研院所、企业之间的合作，推进预制菜"产学研"基地建设，鼓励"桂菜师傅"星级名厨参与研发预制菜品。三是组织开展预制菜桂菜职业技能竞赛、乡厨大赛、烹饪技能比赛等相关活动。四是从农业发展专项资金、财政本级预算等不同来源的资金中安排一定的资金专项支持预制菜产业的科学技术研究、技术推广、人才培养等工作，促进预制菜产业发展。

（四）强化预制菜原料端发展和联农带农效果

一是加快预制菜原料生产基地建设。广西农产品原料量多质优、产业基础好，并且在 2022 年 7 月已经在钦州启动建设全区首个预制菜产业基地，为广西预制菜原料端发展奠定了坚实基础。同时也要看到广西预制菜前端原料大多采取市场化采购，需要进一步加大产业基地建设，不断提升产业纵向一体化水平。二是丰富联农带农方式，完善预制菜品牌的供应链体系，为农户提供稳定收入。建议支持和鼓励预制菜企业加强与农民合作，通过"公司+基地+农户+标准+服务"模式，向农户提供技术支持，引导农户走出盲目生产、低效经营的困境。另外，广西民族文化和乡村旅游资源丰富，可将预制菜产业与民族文化、乡村旅游相结合，通过在少数民族传统节日时举办预制菜活动、积极开发预制菜+乡村旅游精品项目等多种形式，进一步强化预制菜产业联农带农效果。

撰稿人：龚　冰　赵　政　农业农村部农业贸易促进中心

12

建设标准体系　打造产业集群

——山东预制菜产业打通富农新渠道

▷▷▷一、 背景情况

山东是农业大省，也是农产品加工大省。近年来，预制菜产业发展迅速，潍坊、烟台、淄博等市已形成规模庞大的产业集群，但仍面临以下制约因素。

（一）产业标准亟须完善

标准化程度是引领和支持预制菜产业高质量发展的重要指标之一。随着预制菜产业的不断发展，预制菜产品多元化程度加深，目前不仅缺乏对预制菜品类的细分，还缺乏对预制菜原材料、生产加工、储存、产品信息等环节的统一标准，这不利于预制菜产品规范化、标准化生产。标准的缺失导致监管难度的提高，以及产品质量难以得到充分的保障，不利于预制菜产业高质量发展。

（二）行业亟须有序发展

目前预制菜产业发展存在小、散、乱的现象，无法实现科学有序发展。一是预制菜企业小而分散，难以实现规模化生产，技术升级缓慢。二是市场需求研究不够深入，众多企业一哄而上，存在重复建设、盲目投资的问题，预制菜产品市场转化率不足。三是产品单一，品类雷同，企业各自为战，存在同质化竞争的问题，行业整体难以健康有序发展。

（三）冷链物流亟须保障

为保证产品质量，预制菜在生产加工、流通贮藏方面对冷链保障有着较高的要求，导致经营成本大幅上涨。预制菜产品订单有效期短、规模小且分散，配送次数多，需要高科技的仓储物流以及冷链运输技术的支持。目前，物流公司冷链运输成本高，预制菜企业无法进行全过程管控，地方经销商又无法承担高昂的冷链仓储成本，高额的投入成为预制菜打通跨区域市场的一大难点。这就需要预制菜企业拥有相配套的仓储物流基地和冷链运输能力。

▷▷▷ 二、 主要做法

（一）顶层设计持续推出，产业发展有章可循

为充分发挥农业资源丰富的优势，打造预制菜产业新高地，山东于

2022 年出台了一系列规划意见。山东省政府办公厅印发《关于推进全省预制菜产业高质量发展的意见》，围绕建强全产业链、拓展多维市场、构建标准体系等方面提出 16 条措施，加速提升预制菜产业核心竞争力；山东省饭店协会组织发布全国首个团体标准《预制菜通用设计实施指南》，是覆盖了预制菜全产业链的技术指南，为产业发展提供了标准支撑；潍坊市发布《潍坊市预制菜产业高质量发展三年行动计划（2022—2024 年）》，着力打造"中华预制菜产业第一城"；淄博市出台《淄博市预制食品产业发展规划》，推动形成以鲁菜为特色的"中国淄味"高端预制食品系列品牌；莱阳市制定《加快推进预制菜产业高质量发展的实施意见》《支持本土企业发展实施意见》，出台优惠措施 18 条，加快打造"中国预制菜之乡"城市新名片。

（二）建立质量安全体系，引领产业标准建设

食品质量安全是消费者最关心的问题，也是企业做优做强的基础。莱阳市高度重视预制菜质量安全，建立"订单式"标准化种植基地和智慧化养殖基地，保证材料来源可追溯，质量安全检测能力已达到世界级标准，产品质量始终与国际最严苛的日本标准保持同步，形成了高标准的质量安全管理体系。120 家企业通过 ISO、HACCP 等质量体系认证，保证内销出口同线同标同质，莱阳市预制菜出口欧盟、日韩等多个国家和地区，年出口额 6.4 亿美元。纽澜地何牛食品有限公司、喜旺食品有限公司等企业积极参与相关产品国际标准、国内标准的制定，推动话语权建设，奠定高质量发展的基础。（莱阳市预制菜加工车间见图 12-1）

图 12-1　莱阳市预制菜加工车间

（三）产业链条耦合发展，全过程精准管控

多家企业覆盖预制菜全产业链条，建立"风险驱动+全过程控制"模式，形成规范化、标准化、一体化管理体系。为保证产品质量和全过程精准可控，纽澜地何牛食品有限公司、喜旺食品有限公司、山东荣华食品集团有限公司、山东仙坛股份有限公司等多家龙头企业建立集育种、饲料加工、养殖、屠宰分割、精深加工、产品研发、物流、销售为一体的全产业链条，形成了预制菜产品源头可追溯、生产标准规范化、全程管理数字化、冷链物流智慧化的新发展模式。新模式实现了一二三产业融合发展，为打造优质预制菜全国供应链和生态圈提供了有力的平台支撑。

▷▷▷ 三、 重要成效

（一）龙头企业强势拉动，产业集群蓬勃发展

潍坊、烟台、淄博等多地预制菜企业快速发展，已成为全国食品工业产业集群示范区，形成"雁阵形"预制菜产业集群。2022 年，山东预制菜

企业共有 9 246 家，其中 A 股上市企业 7 家，上市企业市值高达 300 亿元。喜旺食品有限公司、春雪食品集团股份有限公司、龙大美食股份有限公司、山东仙坛股份有限公司等企业品牌知名度和市场占有率高，有力带动当地预制菜产业发展。莱阳指导 10 家龙头企业成立预制菜发展联盟，推出 18 项支持举措，建立领导小组、行业联盟、产业平台的协同发展的推进机制，整合全产业链资源，形成了种类齐全、链条完整的预制菜企业矩阵。2022年，莱阳预制菜产值达 83.5 亿元，年加工能力 200 万吨，涉及 1 000 多个预制菜品类。（龙大美食见图 12-2）

图 12-2　龙大美食

（二）着力推进品牌建设，产品深受市场认可

山东经过多年潜心耕耘，培育出一批知名预制菜品牌，获得市场高度认可。山东有 6 家企业上榜由央广网举办的"第二届中国餐饮产业红牛奖——2022 年度预制菜领军企业"50 强榜单，数量仅次于广东，位居全国第二；"纽澜地"连续 5 年成为盒马鲜生肉类第一品牌，先后成为杭州 G20 和青岛上合峰会国宴食材；鸡肉品牌上鲜已连续五年位居京东生鲜鸡肉类销量第一名，京东粉丝数达到 1 800 万人；2022 年"双十一"期间，"春雪食

品"和"龙大美食"分获京东鸡肉和猪肉销售实力榜第一名。未来，山东将进一步推进品牌建设，通过"好品山东"区域公共品牌评定，培育预制菜"十大品牌、百强企业、千优产品"。

（三）销售渠道丰富多元，经营策略灵活多变

面对复杂多变的市场环境，山东预制菜企业积极优化经营策略，建立了多元稳定的市场渠道。一是线上网络完备。与京东、天猫、苏宁等电商平台长期合作，多种品牌销售额位居平台同类产品前十位。二是线下渠道稳定。多种预制菜产品是大型商超、连锁餐饮、食品加工的稳定供货商，涵盖沃尔玛、家乐福、盒马鲜生、肯德基、呷哺呷哺、中粮、双汇等多家知名企业平台。三是经营策略灵活。受疫情影响，喜旺食品有限公司开拓线上社区群5 000多个，大力发展电商平台。面对国际市场的不确定性，多家企业一方面持续深耕国内市场，另一方面逐渐开发俄罗斯、中东等新兴市场。莱阳市也帮助企业开拓线上销售渠道，"一企一策"精准施策，助力企业发展。

（四）创新利益联结机制，打通预制菜富农新渠道

山东预制菜龙头企业不仅拉动了产业集群的发展，也打通了农民致富的新渠道。通过"龙头企业+农民专业合作社+农户""企业+订单基地+农户"等模式，实现养殖基地的规模化发展、土地的规模化流转，农民通过订单农业、基地就业、土地流转获得多份收入。这种龙头企业带动基地、基地帮扶农户的产业化运作模式，有效带动了农民增收致富。春雪食品集团股份有限公司带动莱阳的肉鸡年饲养量由1 000万只发展到7 000多万只，农业产值新增10亿元，农民纯收入增加8 420万元；仙坛食品发展农场2 000处，吸纳农村就业人口1万人，农民收入年增7亿元；恒润食品基地采购值1.2亿元，受益农户2.4万户，平均每户增收5 000余元。山东多家预制菜企业秉承"利益共享，风险我担"的理念，坚持"宁亏自己，不亏

农户"原则，创新利益联结机制，通过全流程统一管理、贷款担保、资金垫付、技术指导、签订保险合同、签订长期订单合同保证收购价格和数量稳定等措施全方位保障农户权益，有效降低农民风险，带动农民增收致富。

▷▷▷**四、　经验启示**

（一）构建统一标准体系

构建统一标准体系，推动预制菜产业标准化、规范化、规模化、品牌化发展。一是明确预制菜定义与产品分类，根据不同产品种类制定标准，实现产业的精准化管理。二是构建全流程标准体系，预制菜是一二三产业融合的典范，涉及多个环节，在原料供应、产品加工、食品营养及功能等方面制定标准，可全流程为预制菜保驾护航；三是完善预制菜食品安全监管体系，加强全链条质量安全监管，健全食品安全追溯体系，严格把控产品质量，确保预制菜食品安全。

（二）发挥主管部门引领作用

充分发挥预制菜主管部门的引领作用，推动预制菜产业高质量发展。一是充分调研企业主体和市场需求，制定产业整体发展规划，发布权威的市场信息和研究报告，指导预制菜企业科学、健康、持续发展。二是搭建合作共享、信息交流平台，及时了解市场最新动态，帮助企业打通拓展销售渠道。三是建立预制菜联合研发平台，推动企业与相关科研机构合作，开展预制菜全产业链研究，建立预制菜综合信息数据库，形成行业有序发展，企业互惠互利、合作共赢的新格局。

（三）推动建设预制菜冷链仓储物流设施

建设预制菜冷链仓储、物流等基础设施，提升冷链流通对预制菜的支撑能力，降低企业运营成本。建立冷链集配中心，强化冷链仓储物流服务，给予相应的政策支持。补齐预制菜企业受限于冷链仓储物流和速冻技术的短板，解决预制菜产品跨区域经营流通的难点。

　　撰稿人：龚　冰　韩　啸　赵　政　农业农村部农业贸易促进中心

13

打造川渝"美食宴"　"辣"出产业振兴路

——重庆梁平打造中国西部预制菜之都

▷▷▷一、 **背景情况**

重庆地区饮食以川菜为主，菜系特色明显，预制菜产业基础较好。

一是发展基础较好。2022 年，重庆规模以上食品工业企业有 776 家，累计工业产值 1 922.2 亿元，占重庆工业产值的 7%。全行业 50 亿级企业 1 家，10 亿级企业 22 家，主板上市企业 3 家。全行业小巨人企业 3 家，市级专精特新企业 114 家，数字化车间 57 个，智能化工厂 12 个。

二是发展成效明显。2022 年，重庆规模以上预制菜生产企业工业产值

240.6亿元，处于加速发展阶段。梁平区率先提出建设"西部预制菜之都"，引进企业近百家；大渡口区联动云阳县、忠县共同培育重庆小面工业化产业，引进小面企业40家；合川区加快建设重庆火锅食材产业园，聚集火锅食材加工企业101家，其中，毛肚产量占西南地区三分之一。

三是发展势头强劲。以重庆小面为主导的"麦制品产业集群"被列入农业农村部、财政部2023年农业产业融合发展优势特色产业集群，逐渐向工业化、标准化、品牌化发展。益海嘉里、得利斯等大型企业积极策划在重庆布局预制菜产业，五斗米、阿兴记等本地餐饮企业开始向预制菜领域迈出步伐。

▷▷▷ 二、 主要做法

（一）强化顶层设计，加强政策扶持

顶层设计与政策的推动和引导是预制菜产业发展的前提。一是成立工作专班。成立以市领导为召集人的食品及农产品加工产业高质量发展工作专班，下设预制菜产业发展工作组，统筹全市预制菜产业发展。二是制定发展规划。印发《重庆市消费品工业高质量发展"十四五规划"》，为预制菜产业发展提供路径指引。梁平区率先编制了《中国西部预制菜之都产业发展规划》。三是强化政策引领。制定《千亿级优势特色产业培育行动实施方案》，提出推进预制菜全产业链标准化、数字化、融合化建设路径。印发《加快推进农产品加工业高质量发展政策措施》，出台20条支持政策。加快农产品产地冷藏保鲜设施建设，将符合条件的预制菜市场主体纳入支持范围。四是加大资金支持力度。2022年市级工业和信息化专项资金支持乡村振兴市级重点帮扶的渝东北三峡库区城镇群、渝东南武陵山区城镇群17个，区县实施特色绿色产业项目28个，共计7 630万元。梁平区制定《支持预制菜产业高质量发展激励措施》，设立总规模10亿元的预制菜产业发展引导基金。

(二) 发展壮大预制菜产业集群，推动品牌建设

产业集聚和品牌建设是预制菜产业发展的关键和支撑。一是建立预制菜产业园区。梁平区依托现有农产品加工园区建设基础，打造30平方公里的预制菜产业园，涵盖预制菜生产加工区、物流枢纽综合区、综合服务区等。二是积极培育预制菜企业。引导支持预制菜加工企业、配套企业入驻示范园区，引导资金、技术、人才向园区集聚，积极吸引行业全产业链头部企业、技术性企业、优秀创业团队入渝布局。梁平区实施了预制菜企业三年梯度培育工程，2022年新增食品类市场主体2 000家，新培育预制菜类"四上"企业35家。三是持续开展预制菜品牌培育行动。开展"重庆小面重庆造"区域公用品牌集中宣传，积极支持梁平区等有关区县建设"商标品牌指导站"，出台《梁平预制菜品牌专利培育计划》。强化注册商标保护，严厉打击假冒注册商标行为。四是注重营销推介。鼓励企业积极"走出去"，支持预制菜品牌企业参加中国商标品牌节、西洽会、智博会、中国美食工业博览会等国内外专业性展示展销活动。（西部预制菜之都展览馆见图13-1）

图13-1 重庆梁平西部预制菜之都展览馆

（三）规范预制菜产业发展，完善标准建设

标准引领是预制菜产业发展的保证。一是加强标准化规程的制定和实施。先后启动制定并批准发布《预制菜产业园区建设指南》《预制菜生产加工行为规范》地方标准；出台全国首个工作指导性文件《预制菜生产经营安全监管标准体系》，该体系涵盖基础通用、食品及相关产品、生产加工、流通经营、检验检测 5 个子体系，共 1 607 项标准。二是强化食品安全监管。以提升食品安全监管效能、加速推动产业升级为目标，全面推进食品生产许可事项"全程网办"和电子证书管理，开展食品生产许可"一证多址"改革试点，推动重点食品品种质量安全追溯试点，指导督促主体责任、属事责任落实到位，切实加强食品安全监管工作。制定《关于支持餐饮服务经营者经营预制菜的工作方案》，从许可要点、日常监管重点和突发事件处置等方面，梳理支持中央厨房经营者经营预制菜的工作规范；发布预制菜生产经营《落实食品安全主体责任 20 条》，从生产、销售、餐饮各环节、全链条规范预制菜生产经营活动。（产业园规划图见图 13-2）

图 13-2　重庆梁平产业园规划图

▷▷▷三、 重要成效

重庆市高度重视预制菜产业的发展，加快推动各区县加快布局预制菜产业。2022 年规模以上预制菜生产企业实现工业产值 240.6 亿元，同比增长 4.5%。

（一）着力推进梁平建设中国（西部）预制菜之都

目前已将梁平区预制菜产业纳入《成渝地区双城经济圈特色消费品产业高质量协同发展实施方案》，梁平区于 2022 年 5 月印发了《关于推动梁平区预制菜产业高质量发展的实施意见》，2022 年梁平区预制菜产业产值达到 220 亿元，对全区规上工业产值贡献率为 26.5%。2023 年，梁平区以排名第一的成绩入围赛迪顾问消费经济研究中心评选发布的"2023 十大预制菜产业基地"，是西部地区唯一入选城市。

（二）围绕重庆小面和重庆火锅的金字招牌，打造重庆小面和重庆火锅食材产业园区

大渡口区联动云阳县、忠县共同培育重庆小面工业化产业，逐步实现重庆小面产业标准化、规模化和工业化，形成一条完整的现代化食品产业链条。截至 2023 年，重庆小面产业园已经引进小面企业 40 个，完成 15 万平方小面加工基地建设，落地 100 万吨小麦加工项目。以大渡口区为例，在以重庆小面为主导的快消品产业领域，大渡口区现有规模以上企业 14 家，2022 年全产业实现营收 24.3 亿元、同比增长 47.3%。以重庆小面为主导的"麦制品产业集群"被列入农业农村部、财政部 2023 年农业产业融合发展优势特色产业集群。合川区率先在重庆打造火锅食材产业园区，集聚火锅食材加工企业 101 家，是全国第二大罐头生产基地，其毛肚产量占西南地区三分之一。2022 年合川区火锅食材规上企业产值达到 54 亿元，辐射带动龙

市、隆兴、云门等 11 个镇街发展火锅食材产业。

（三）以科技赋能建设新型平台化预制菜产业园区

渝北区的中国西南（重庆）食品科技城于 2022 年 7 月正式开园，该项目是重庆中心城区唯一一个建设规模达到 10 万平方米以上的食品科技城。按照相关计划，该区域将打造成为集食品安全技术研发，绿色预制菜和特色预制菜研发、生产、销售及教学等于一体的新型平台化预制菜产业园区。其中，将重点聚焦重庆的火锅、特色菜、江湖菜、烧烤等地方美食，开发、生产、销售预制菜品，形成预制菜产业集群。

▷▷▷ 四、 经验启示

（一）加强规划引领，进一步推动预制菜产业集群发展

一是加强预制菜产业规划引领作用。围绕自身的资源禀赋和全市布局，高标准编制预制菜产业的发展规划，找准产业发展的目标、产业发展的方向，将其纳入乡村振兴的整体规划中。

二是培育领军型企业和拳头产品。重点扶持和引育三产融合的预制菜企业，吸引行业龙头企业、核心技术企业入渝布局，开展品牌孵化，建设生产基地。支持大型连锁商超、优质电商、品牌物流企业利用渠道资源培育自有预制菜品牌，在重庆设立品牌运营总部和与相关区县共建特色产业园区，采取与在渝加工企业和新引进的优势企业联名生产的方式，快速成长为预制菜产业新兴力量。

（二）健全预制菜产业链条，促进上下游产业融合

一是加强预制菜产业链建设。预制菜生产与菜品产地密切关联，只有大力发展现代农业，推动农业规模化、标准化和绿色化生产与发展，才能

确保原材料的全程安全可追溯。鼓励和支持家庭农场、农民专业合作社等发展农产品产地初加工，推进预制菜直供基地、田头小站初加工等基础设施建设，保障原材料的稳定和安全供应。鼓励企业采用先进数字技术、设备和系统，建设智能车间、智能工厂。不断提升精深加工能力，提高产品附加值。

二是打造产销协同一体化供应链。充分发挥餐饮、烹饪等行业协会的引领作用，加强产销对接。支持举办各类预制菜产销对接活动，引导企业积极参展。利用"互联网+短视频+直播"等方式，推动线上线下市场拓展。大力发展电子商务、跨境电商、对外贸易，多渠道开拓国内国际市场。

（三）补齐冷藏和初加工短板，促进农户融入产业链条

一是补齐农产品产地冷链物流短板。加快实施农产品产地仓储保鲜冷链物流设施建设工程，在重要物流枢纽节点和鲜活农产品生产基地周边布局一批生鲜农产品低温配送和处理中心，构建起预制菜"原材料—车间—餐桌"全程闭环冷链物流模式，完善从田头到餐桌的冷链物流体系。

二是培育农产品初加工企业。鼓励和支持家庭农场、农民专业合作社等发展农产品产地初加工，推进预制菜直供基地、田头小站初加工等基础设施建设，减少产后损失，延长供给时间，提高质量效益。

撰稿人：龚　冰　韩　啸　赵　政　农业农村部农业贸易促进中心

14

依托农产品黄金种植带 打造黑土优品预制菜

——黑龙江齐齐哈尔绿色产业化实践探索

▷▷▷ 一、 背景情况

齐齐哈尔市，别称鹤城，黑龙江省辖地级市，国务院批复确定的中国重要的工业基地、黑龙江西部中心城市和东北地区重要的商品粮基地。齐齐哈尔地处世界三大黑土带之一的松嫩平原，所在区域北纬47度是世界公认的农产品黄金种植带。齐齐哈尔市克东县，地处北纬47度，四季分明、阳光充足、雨水充沛、空气清新，黑土寒地，蔬菜种植历史久远，每年只耕种一茬蔬菜，质量优越、营养丰富。天伟食品有限公司既顺势而为，又乘势而上，招商引资，重新组建北纬四十七（克东县）绿色有机食品有限公司（以下简称"四十七食品公司"），以工业化标准构建即热、即配类预制菜产、加、销全产业链，聚力打造"北纬47°"农产品品牌，叫响"克东绿色蔬菜"预制菜产业金名片。采取基地化生产、标准化加工储运和商业化市场营销理念，鲜食玉米等主打产品迅速赢得预制菜市场青睐，畅销全国，收益丰厚，为当地产业兴旺、农民增收贡献巨大力量。

▷▷▷ 二、 主要做法

齐齐哈尔市地处北纬47°农产品黄金种植带，拥有得天独厚的自然条件和种植技术，孕育了大量绿色有机、天然优质的农产品。然而好产品卖不出好价钱，一直是困扰农业发展的现实问题。四十七食品公司，以生产加工高端预制菜为发展定位，通过建立基地、标准生产、线上线下销售、聚力打造品牌等方式，构建预制菜产业发展新格局，拓展产业发展新模式，为优质农产品延伸了产业链、提升了价值链。

（一）现代化科技生产模式，制造"优品"原料

四十七食品公司各生产区充分发挥农业产业化带动作用，实现了原料供给标准化。一是基地核心区。根据产能需要，借助地缘、区域优势，采用无人机、农业物联网、聘请技术员等方式建设高标准农产品原料种植基地1.8万亩，其中，种植奥弗兰和米哥品种鲜食甜玉米1万亩，种植万糯2 000品种和小黄黏262品种糯玉米4 000亩，种植速冻蔬菜原料青刀豆、贝贝瓜、绿豆角、大青椒示范基地520亩，基地科技含量和产品质量达到高位标准。二是订单种植区。采取"公司+合作社+农户"的模式，实行统一种子、统一肥料、统一机械、统一种植、统一管理、统一收购的"五统一"形式，订单收购优质农产品原料，通过派驻技术员、经理人的形式，科学指导农户种植优质青刀豆、糯玉米、甜玉米。2021年订单种植面积达到1.1

万亩，其中，订单种植甜玉米 8 000 亩，种植糯玉米 3 000 亩，并与全县 4 个乡镇 2 996 户农户小院订单种植青刀豆蔬菜 4 591 亩。三是农机作业区。四十七食品公司整合原有天伟现代农机合作社 27 台套新型农机具（总价值 1 200万），以及种植作业能力 2 万亩。进口的综合收获机，同时，配备无人机 2 架，农机农艺技术人员 26 人，保障了作业的高标准和高科技。（机械化作业情况见图 14-1）

图 14-1　机械化作业

（二）食品级加工储运标准，确保"舌尖"安全

一是速冻蔬菜加工生产区。根据不同蔬菜的收获季节，分期分段加工产品。第一车间主要速冻加工绿叶、豆类等蔬菜，采取速冻轨道工艺，两条生产线每小时可加工蔬菜和玉米粒 8 吨至 10 吨；第二车间主要速冻加工根菜类、瓜类、鲜食玉米棒等蔬菜，采取速冻室工艺，生产线每小时可加工玉米棒 25 000 支，南瓜块 3 吨；第三车间主要加工农产品甜玉米粒罐头，两条国内领先的生产线每小时可加工 36 000 罐，年加工能力 50 万箱；第四车间是速冻蔬菜包装车间，根据订货商需求，采取各种规格的包装箱、包装袋将速冻蔬菜进行分类包装。二是速冻蔬菜冷藏区。两个大型冷储库容积 40 000 立方米，可冷藏速冻蔬菜、甜玉米冻粒等产品 12 000 吨，产品出库机械化装入冷链物流运输车，发往全国各地。三是农产品检测区。合作

社农产品检测中心化验室拥有国际先进的气相色谱质谱仪和液相色谱质谱仪等设备，可随时检测各种农产品原材料农残和污染指标，严把农产品准入关，建立农产品追溯体系，确保速冻蔬菜食品符合国家标准和国际标准。（标准化生产情况见图 14-2）

图 14-2　标准化生产

（三）商业化市场营销理念，赢得市场青睐

四十七食品公司充分依托产品品质和资源优势，大力实施品牌培育提升战略。2021 年 6 月创建北纬四十七品牌，率先在中央电视台黄金档滚动播出广告，产品销往全国各地，家喻户晓。产品实现订单销售，如甜玉米粒订单销售双汇集团，年销售 1 500 吨，销售收入实现 750 万元；青刀豆、油豆角、黏甜玉米等产品订单销售国内知名餐饮连锁机构，年销售均达到 3 000 吨，实现销售收入 1 350 万元。同时，通过培育网红、利用知名网点设立店铺等形式开展线上销售，2022 年，在抖音、京东、淘宝线上销售收入实现 5 011 万元。

▷▷▷**三、　重要成效**

　　四十七食品公司位于克东县昌盛乡翻身村，生产加工厂区占地面积6.5万平方米，实现当年组建、当年投产、当年达效，并有效带动当地农民增收。一是基本生产情况。2021年年末，全口径产值1.1亿元，实现销售收入8 500万元。现有管理人员22人，技术人员26人，熟练工人227人，常年短期务工岗位300个，拉动务工1 230人。2021年，速冻加工产值达到9 095.6万元，其中，生产真空玉米棒500万棒，实现产值1 000万元；速冻玉米棒2 700万棒，实现产值4 050万元；加工甜玉米速冻粒4 500吨，实现产值2 250万元；速冻青刀豆1 830吨，实现产值1 062万元；加工绿豆角、油豆角、黄金勾豆角分别为420吨、290吨和130吨，实现产值分别为184.8万元、150.8万元和117万元；加工胡萝卜丁和南瓜块分别为270吨和400吨，实现产值分别为81万元和200万元。二是企业扩建情况。为提质增效，四十七食品公司今年投资6.2亿元，新建生产车间6 000平方米，安装4条自动化糯玉米生产线，安装2条速冻蔬菜生产线。新建6 000平方米冷藏库，配套建设糯玉米真空包装生产线6条。同时，建设3 000平方米职工宿舍楼及附属设施，建设冷链物流智能分拣系统，建立冷链物流立体智能化仓储中心及物流配置中心，全面提升四十七食品公司科技含量。三是带动农民增收情况。通过发展速冻蔬菜加工产业链，常年吸纳本地村民就业915人，全年累计用工量超过5万人次，人均年增收5 500元。建立利益联结机制，2021年共投入带贫资金146万元，实现昌盛乡脱贫户产业带动增收全覆盖。

▷▷▷**四、　经验启示**

　　习近平总书记强调，要加快建立健全以产业生态化和生态产业化为主体的生态经济体系。发展生态经济、绿色经济，必须走生态经济化、绿色产业化之路。通过四十七食品公司推进绿色产业化、生态经济化的实践，给人两点启示。

第一，聚焦生态产品，单点打透，培育壮大绿色产业链条。"人不负青山，青山定不负人。"良好的生态环境必然回馈人类优质的生态产品，全球闻名的农产品黄金种植带，必然可以孕育出优质的农产品。四十七食品公司发挥产品得天独厚的质量优势，积极推进生态经济价值扩大化。重点围绕鲜食玉米单点打透，小题大做，深耕出茁壮成长的绿色产业链。鲜食玉米"鲜"字当头，为了让玉米保持好的口感和锁住营养，北纬47度品牌可谓下足功夫，在工艺上就和普通玉米加工工艺有很大区别，采用了八重工序层层筛选以及3小时鲜制。北纬47度鲜食玉米的生产，同样纳入了生态理念，覆盖"天、空、地"全方位土壤监测、作物生长智能检测、农事管理、运营管理、有机溯源等方面，由点到线，通过大数据溯源，实现全链路数字化管理管控，有效把控了产品质量关。

第二，立足扩大增收，整合资源，充分调动农户参与热情。四十七食品公司把种植基地铺设在农户的小院里，采取订单方式收购，有效地激发了农户参与产业发展的热情。盘活外出务工家庭闲置宅基地和小院的利用价值，改变了传统的种植理念，实现种植户与合作社互利共赢。比如，昌盛乡小院青刀豆种植产业形成了乡有示范基地、村有实验田、屯有示范户、合作社有专业经理人、村有专业技术指导员、村村都有小院农机具的格局，全方位打造集蔬菜种植、检测、加工、速冻、销售于一体的全产业链条，有效实现"种得好，卖得更好"目标。

撰稿人：韩德亮　黑龙江省农业农村厅乡村产业发展中心
　　　　张天伟　北纬四十七（克东县）绿色有机食品有限公司

15

构建全产业链体系　助力餐桌升级

——广东粤旺优品预制菜产业帮扶实践

▷▷▷ **一、背景情况**

随着中国城镇化建设的发展，在劳动力、资本、技术等资源要素向城市倾斜时，农村面临着人口老龄化、产业单一、信息落后等问题。随着"三农"工作重心的历史性转移，我国城乡发展已经进入了互补融合的新阶段。

预制菜一头链接产地田间，一头链接市场餐桌，是推动产业兴旺的重要载体，是延伸产业链、提升价值链、打造供应链的有效手段。既为城市消费者提供安全可靠有保障的食品，也让农民更多分享产业增值收益。

粤旺农业集团有限公司（以下简称粤旺集团）创办于 1996 年，是农业产业化国家级重点龙头企业、国家高新技术企业及政府采购 5A 级企业。集团经过两年多坚持不懈地努力，成功打造集生产种养殖基地、农旅综合开发、供应链服务、智慧农业、新零售业务等为一体的完整产业链闭环，成为真正实现从"田间到餐桌"的产销一体化的农业集团公司。

为加速推动农产品食品化进程，打造更加高效畅通、安全规范、竞争有序的农产品市场环境，粤旺集团加快预制菜产业发展，走出一条推动乡村全面振兴的新路径。

▷▷▷二、 主要做法

（1）建立上游农产品种养殖基地，从源头严控食品的安全和新鲜。粤旺集团已在全国 15 个省区建立 40 多个自营种养基地，先后在贵州、云南、广西、西藏、黑龙江等地区因地制宜发展特色产业帮扶项目。（安庆大棚见图 15-1）

图 15-1　安庆大棚俯视图

（2）在靠近产地或销地建立预制菜产业园，利用强大的制造业基础和完善的工业体系，将园区区分为中央厨房区、冷链物流区、综合服务区、生产生活区、电商营销中心、原材料交易中心，打造"特色农业生产、预制菜深度加工、区域农产品物流、农业旅游"的大农业体系。

（3）加大预制菜设备、产品等各环节研发，推动制作工艺标准化。与高等院校、科研院所、预制菜相关企业、龙头企业及行业协会共同建立预制菜联合研发平台，推进预制菜新型菜新品类、原料筛选与培育等系统性研究，设计研发预制菜生产、加工、仓储、冷链、物流等装备，开发预制菜产业新厨具、新餐具、新包装。

（4）打造粤腾云智慧农业物联网平台，应用数字化物联网的管理方式加强预制菜全链条质量安全保障，让食品"从田间到餐桌"得到全方位保障，从品牌真伪认证、来源追溯、过程追踪、责任追查等各环节监控，降低食品安全风险。

（5）全渠道铺设预制菜销售终端，打造"线上+线下"的O2O新零售交易平台，以新流量、短视频、云直播、速闪购等新零售电商模式，为客户提供线上购买服务。将线上流量导入线下博览展销活动，再将线下客源反哺线上流量。最终，通过线上引流聚集的方式，结合线下销售的新批发模式，实现冷链食品博览及新零售平台。

（6）着重打造品牌，通过视频、图文、直播等内容形式扩大预制菜在社交媒体（微信、视频号、抖音等）上的声量，并以小程序与官方商城等一键购买商品的方式提高购买率。积极参与农博会、预制菜展销会等行业展会、论坛，提高行业知名度。

▷▷▷ 三、 主要成效

（1）帮助农民在家门口增收创收。粤旺集团以产业帮扶的形式在贵州、云南、广西发展食用菌产业、蔬菜产业、农文旅开发，以一二三产融合为发展思路，建设集研发、高标准设施种植、冷链仓储、初深加工、观光旅游为一体的产业园。累计投资成立10家公司，总投资额达8.4亿元，辐射带动 3 000 多户贫困户就业增收。提出的"1210"精准扶贫模式作为国务院扶贫办"精准扶贫案例 50 佳"之一在全国推广。(云南昭通生产车间见图 15-2)

图 15-2　云南昭通生产车间

（2）产业园建设的联农带农作用强，推动区域产业发展。粤旺集团在广东广州市、广东英德市、广西贺州市、河北保定市博野县均建立了预制菜产业园。以英德市西牛镇麻竹笋产业园为例，一般每天有 100 多位本地村民在厂房里忙碌，从事切笋、腌制、打包等。预计年可销售麻竹笋各类产品近 1 万吨，实现产值超过 1 亿元。有了企业的带动，目前英德市麻竹笋面积达 62 万亩，年产量约为 100 万吨，干笋年产量达 5.1 万吨，产业总产值约 32 亿元，从业人员达 7.29 万人。麻竹笋产值远超全国其他产区，稳居全国第一。

（3）打造产品离用户最近的服务模式——无人智能零售柜鲜生、智能小厨房。柜鲜生是具有冷藏、冷冻功能的智能零售柜，多铺设于单位大楼、小区内，它成功解决了预制菜走进消费者家庭最后 50 米的问题。消费者可现场扫码购买、进入柜鲜生小程序、登录公众号等方式下单预订，十秒钟即可完成交易，方便快捷。2022 年年初借助全广州市 500 多台柜鲜生，预制菜销量同比去年增长超过 200%。智能小厨房有蒸煮机和煲仔饭机两种机型，通过智能机器手臂抓取下层储存室的预制菜加热后，消费者可自行下单取出。借助智能小厨房，办公大楼、机场高铁等公共区域的消费者可以吃上新鲜热腾的一餐。

（4）重孵化并打造自有品牌——粤旺优品预制菜，目前已重点打造酸笋鱼、酸笋鸭 2 款酸笋系列产品，及佛跳墙、大盆菜、花胶海参等 8 款海产品系列。在营销上重视宣传，通过打造核心爆款产品、聚焦垂直领域产品获取市场上更多机会。

▷▷▷ **四、 经验总结**

（1）充分激发农村的内生动力，完善供应链体系。打造"公司+基地+农户+标准+服务"发展模式，将经营需求与生产环节紧密结合，促进广大农村加快释放自身的潜能，切实增强发展的原动力，充分把握发展的主动权。比如，优化种养结构，壮大特色产业，发展乡村旅游等。

（2）配套的仓储物流基地和冷链运输，扩大预制菜销售半径。为了更好地对食物进行保鲜，预制菜的配送、运输过程都需要在低温下进行，因此，支撑区域配送和超大城市配送的中央厨房一定要配置强大的冷链运输设备以扩大运输半径。除此之外，在消费者生活半径一公里内铺设高科技的仓储物流或冷链设备，也是有效支持预制菜保鲜的重要渠道。

（3）以市场为导向，做好大众口味调研。好吃才是王道，预制菜能否在市场得到认可，与菜品口味最终在消费端的还原度密切相关。"好吃才是王道"，只有味道达到消费者的认可，预制菜才能在消费端站住脚跟。

（4）合理的渠道组合至关重要。除涵盖传统 B 端的餐饮客户、商超、电商、社区团购、经销商等多种渠道外，预制菜被越来越多的消费者接受，成为居家烹饪的替代性方案。因此要培养 C 端渠道组合思维，全方面融合 C 端消费者购买渠道，这是扩大预制菜需求的重要因素之一。

撰稿人：黄秋真   粤旺农业集团

16

创新预制菜支柱产业 促进现代农业发展

——河北昌黎预制菜产业促进乡村一二三产业融合

▷▷▷ 一、 背景情况

昌黎县是农业农村部定点的北方设施蔬菜规模化种植基地"菜篮子"工程（河北省唯一一个）所在地，是河北省蔬菜产能大县。全县蔬菜种植面积为48.1万亩（其中设施蔬菜28万亩），产量为210万吨。培育形成了16大无公害生产基地，29个设施蔬菜"百亩方"。创建了省级蔬菜标准化示范园区5个，市级蔬菜示范园区8个。主要种植黄瓜、西红柿、西葫芦、马铃薯等30多个品种，形成了以冷棚马铃薯、旱黄瓜等为主导的优势特色产业。其中马铃薯种植面积达到 15 万亩，年产量为 70 万吨，年产值为 12.5 亿元；旱黄瓜种植面积 3 万亩，年产量为 45 万吨，年产值为 14.4 亿元。

昌黎县嘉诚实业集团有限公司（以下简称"嘉诚集团"）成立于 1999 年，是一家集科技研发、繁种育苗、种植服务、农业废弃物处理、市场服务、冷链运输、精深加工、休闲采摘、教育培训于一体的农业全产业链集团公司。旗下拥有嘉诚商贸、嘉诚物流、嘉诚农业科技等 9 家全资子公司，是中国农业 500 强企业，领办的嘉诚合作社在 2021 年全国 500 强农民专业合作社排名第二。嘉诚集团创建了省级农业园区、省级农业科技园区、省级龙头扶贫企业，组建了省级蔬菜产业联合体，既是"农业产业化国家重点龙头企业""河北省著名商标企业"，旗下农副产品批发市场是"农业农村部定点市场"，也是河北省精品蔬菜产业集群项目实施单位、河北省环京周边蔬菜生产基地和京津蔬菜生产供应基地。在党和政府的关怀下，嘉诚集团接续拼搏，实现年交易额 105 亿元，完成固定资产投入 36 亿元，安排就业 150 万人次，辐射带动周边地区果蔬种植面积超 50 万亩，带动农民近 20 万户。

▷▷▷ 二、 主要做法

（一）主要问题及原因

近年来，预制菜因方便、快捷、营养等特点，正成为城乡居民家庭餐食方式的新选择。然而预制菜产业还存在诸多的问题与挑战。

（1）易受原材料价格波动影响。预制菜主辅料以农林牧渔产品为主，其价格易受自然条件等不可抗力的影响而产生波动，短期内原材料成本变动将影响行业利润情况。

（2）冷链物流配送能力制约企业发展。部分预制菜的运输配送过程需要在低温的环境下进行，仓储物流及冷链运输能力制约了产品销售的区域，直接影响了业务辐射范围。

（3）部分菜品口味复原存在难度。运输、储存过程中的损耗会导致部分口味清淡的菜品无法完美呈现，因而行业当前多以重口味预制菜为主。同时，部分预制菜仍需最后环节的烹饪，不同的厨艺水平将影响菜品的口感。

（4）难以跨区域经营。我国各地居民饮食习惯及口味不一致，起源于某一地区的预制菜企业往往带有明显的地域性标签，通常只能覆盖一定地区，目前尚未出现全国性的龙头企业。

（5）规模化企业较少。目前多数企业为作坊式生产加工模式，达到规模以上生产水平的企业较少。作坊式加工商产品单一、标准化程度较低，且食品安全及品质难以保证。

（二）主要举措

河北省是蔬菜大省但不是蔬菜强省，为推进河北省蔬菜产业高质量发展，推动蔬菜向设施化、精品化、产业化方向发展，着力打造环京津精品蔬菜供应基地和应急保障基地，嘉诚集团针对昌黎县蔬菜等产业的发展现状和预制菜产业存在的突出问题，着力打造集中央厨房产业区、烘焙产业区、食材配套产业区、菜品研发中心、食品检测中心、净菜加工中心、冷库和物流配送中心等为一体的预制菜产业核心区，不断推进环京津精品蔬菜产业集群建设，助力乡村振兴。

（1）中央厨房产业区。嘉诚集团从 2019 年开始建设中央厨房产业区，进行农产品供应链体系建设。依托农副产品批发市场，从农产品基地生产、冷库仓储、加工包装、市场销售、运输配送等方面全面建设农产品供应链。截至 2023 年，农产品供应链中心配送分拣车间 6 万平方米，恒温仓储库 3 420 平方米，加工生产线 3 条，冷链物流车 30 余辆，年加工配送能力达 26.15 万吨，年销售收入 16.8 亿元。建立以消费者为中心的集约化、标准化、规范化的餐饮食品生产分销模式，确保餐饮食品质量安全、营养搭配合理、产品物美价廉。制定和完善现有中央厨房相关技术标准，打造现代化中央厨房示范样板。

（2）烘焙产业区。建设成为特色蔬菜干制品生产区，通过预处理、切分、干燥、整理包装等工序，采用烘干、晾干、冷冻、干燥等方法生产有市场需求的蔬菜干、蔬菜粉等特色蔬菜干制产品。这些产品既可以作为食品原辅料，还可以降低储运成本，延长供应时间，以备疫情等特殊时期的市场供应。

（3）食材配套产业区。供应优质农、畜、禽、水产品及调味品等食品原辅料，为食品生产提供可靠的配套食材。建立全部食材全程可追溯体系，保证全部食材的质量安全。

（4）菜品研发中心。培养和引进专业营养师、厨师、食品研发技术人员，挖掘经典菜系菜谱，针对不同消费群体，研发设计安全卫生、营养合理、感官优良的预制菜和成品菜。可在学生餐、老年餐、孕妇餐等特供餐饮方面实现设计制造的突破创新。

（5）食品检测中心。建设适用食品企业质量安全管理的检测平台，使其具备国际标准、国家标准、地方标准、行业标准、快速检验标准相结合的产品质量检验能力。

（6）净菜加工中心。以各个基地生产的蔬菜为原料，通过选料、分级、切分、护色、清洗消毒、沥水、包装等工序，为中央厨房、宾馆、饭店、食堂等餐饮行业提供质量安全、风味纯正、品质新鲜的净菜产品、鲜切菜产品，建立质量评价与控制技术体系。

（7）冷库和物流配送中心。提升现有仓储物流配送设备设施水平，确保配送的食品原辅料和成品的质量安全、营养价值和感官品质。建立全程冷链衔接，标准化、规范化、智能化的仓储和物流配送技术体系。

▷▷▷ **三、 重要成效**

预制菜产业有效连接了田间地头和市场餐桌，从种植到加工再到运输和销售，能够有效带动当地产业的发展，促进农业现代化。

（1）促进就业和稳定增收。嘉诚集团不断发挥主体作用，进行预制菜产业各项基础设施建设，做乡村振兴的推动者和实践者。从中央厨房产业区、烘焙产业区、食材配套产业区，到菜品研发中心、食品检测中心、净菜加工中心、冷库和物流配送中心，各个基础设施的建设已经累计投资农业 15 亿元，支持 2 500 人就业，带动农户 5 万户。

公司按照"品种领先，集成技术，示范展示，辐射带动"的思路，展示示范现代农业新品种、新技术，帮助农民开阔视野、增长知识，引领农民在农业生产中用新、创新，实现"科技增收，知识致富"。2016 年至 2023 年，黄瓜、西红柿等品种推广面积已达 2.5 万亩，推广的新品种为农民累计创造效益 5 600 多万元。节水灌溉技术推广区域 1 万亩，为农民累计创造效益 2 000 多万元，带动 4.5 万农户实现增收，预制菜核心规划区内农民人均可支配收入高于全县农民收入的 25%。

（2）建立健全联农带农富农机制。为扩大当地优质蔬菜的生产，公司投入一定的资金在新集镇、马坨店乡共 74 个行政村 2 400 余个农户开展试点带动工作，发放种子、农肥、黄板等生产资料，在整个种植期中，提供全程的技术指导。同时，为 3 万余户农民安装节水灌溉设备，带领其致富。

兴农先兴智，扶农先扶根。为了更好地从根本上满足广大农户"想学无处学"的迫切需要，集团成立了现代农业培训中心。逐步形成了"政府+企业+专家团队+基地"的"四位一体"培训模式，建立新型职业农民培训基地 2 个、实训基地 24 个。每年组织各项培训 5 万多人次，下乡入村植保服务 100 余次，服务种植户 20 万余人次，发放各类生产种植资料 20 万余份，农民科技普训率达到 95% 以上。通过技术培训，结合实训基地现场观摩等形式，不断提升农民的综合素质和科技种植水平，解决了一系列农业生产和管理中的技术难题，为农民提供专业的技术指导和各种服务。

（3）构建乡村产业体系，发展现代农业。公司围绕果蔬产业和预制菜产业的创新发展，通过"龙头企业+合作社+市场+基地+农户"的模式，带动周边5个乡镇，蔬菜、果品种植面积达10万亩。围绕昌黎县旱黄瓜产业技术创新及品牌进行培育，总投入391万元。这对当地特色产业发展起到了很好的示范带动作用。持续不断的科技投入大大改善了农业产业的结构，吸引和带动21万农户从事马铃薯、旱黄瓜及葡萄生产种植，加速了当地的经济发展，为发展农业现代化做出积极贡献。

（4）促进乡村一二三产业融合发展。以预制菜产业核心区为依托，推进三产融合发展。以蔬菜、葡萄为主导产业，形成了果蔬规模化种植的一产种植业、以葡萄酒生产为代表的二产加工业、以葡萄小镇为代表的三产旅游业。成功打造了"登临碣石观沧海，畅游滦河访农家"昌黎县农旅精品线路和刘李庄草莓休闲农业示范点—正明山"春赏花"—五峰山、金士酒庄、朗格斯酒庄"夏纳凉"二条农旅精品线路。

▷▷▷ 四、 经验启示

在省市县各级党委和相关部门的领导和支持下，嘉诚集团走出了"公司+合作社+科研院校+基地+市场+农户"的经营模式，建成了产加销、贸工农、教科研的经营体系。嘉诚集团始终坚定走服务"三农"造福家乡的发展道路，以"科技农业、绿色农业、品牌农业、质量农业"为前进方向，全力推动县域传统农业向规模化、标准化的现代农业转型升级，促进乡村振兴。

（1）加强政策引导。在深入调研基础上，政府应出台预制菜产业政策，积极指导预制菜产业的发展。着力打造预制菜产业互联网平台，延伸预制菜产业链，不断提升产业价值。积极引导当地传统食品加工产业向预制菜领域转型，努力培育一批涵盖生产、冷链、仓储、流通等环节的预制菜示范企业，逐步建立起从原始食材到预制菜品量产的现代化生产体系。

（2）发挥企业引领作用。预制菜产业的发展和壮大需要抓龙头、树标杆，形成龙头企业联动农户和基地的产业化发展模式。积极支持具有代表性的预制菜龙头企业发展，带动周边蔬菜生产农户的参与积极性，实现蔬菜生产基地的产业化发展。通过企业打造品牌，引领合作社、家庭农场和农户从事农业标准化、产业化生产，初步形成"公司+合作社+基地+市场+农户"等以企业龙头、联动农户和基地的产业化发展模式和机制，培育发展农村经济合作组织等各类服务机构，为农村农业生产的产前、产中、产后提供科技服务，有效推进科技成果转化推广，促进农业产业化发展进程。

（3）积极开展科研攻关。预制菜产业的健康快速发展，离不开科技创新和技术成果的应用。相关单位应加大对预制菜加工企业核心技术攻关的支持力度，组织企业申报预制菜相关领域的重大项目。企业也应不断投入经费，重点突破预制菜加工、储藏、灭菌和运输等环节的技术难题，解决预制菜生产过程中的关键问题，促进预制菜产业的发展。

（4）深入推进产学研合作。加强与大专院校、科研院所的合作，初步建成"产学研"和"农科教"相结合的基地。积极与高校、科研单位建立各种形式的技术依托关系。加强与中国农大、中科院、河北农大等院校、科研院所的关系，共建技术培训基地和实践、见习基地。在科技成果转移转化、新产品研发、标准制定、人才培养等方面深化合作，不断开展仓储物流体系及冷链运输技术等方面的研发，加快预制菜全产业链研究，推动预制菜产业提档升级。

（5）加强品牌建设。随着居民生活水平提升，消费者对预制菜的质量、口味、营养等方面也提出了更高的要求。预制菜企业要不断创新菜品，打造预制菜特色品牌，营造良好的口碑和品牌，以期得到消费者的信任，不断提升产品的附加值。

撰稿人：李向丽　昌黎县嘉诚实业集团有限公司

17

用全产业链"金钥匙"打开产业高质量发展之路

——浙江百珍堂助力文成糯米山药产业化发展

▷▷▷ 一、 背景情况

文成糯米山药具有粮、菜、药兼用的功效,它外表乌黑粗糙,内里嫩白如玉,入口黏而不腻,口感软滑韧柔香糯,因独特的口感和药用价值而成为山药界的新宠,深受广大消费者青睐。文成糯米山药多次获得省、市农博会金奖,连续 2 年获得参加浙江省农业博览会金奖产品鉴赏推介会推荐食材、浙江(上海)名特优新农产品展销会品牌农产品推介会品鉴产品的殊荣。

但是文成糯米山药因为产地、产量和加工方式等条件不完善，无法充分发展其优势。一是产业规模不足，供应时间短，存在产品供不应求的现象。缺乏机械化生产和科技支撑，糯米山药生产的机械化、自动化、信息化水平较低。二是产业链条短，产品附加值低。文成糯米山药分类分拣、分等分级等关键环节缺失，商品化处理全产业链条未能闭环，重点支持农户和农民专业合作社改善农产品产后净化、烘干、预冷、保鲜、包装等设施装备条件较差，未能做好做实做强产业链、价值链和产品链，未实现农产品产后优质优价与产业提质增效。三是销售渠道单一，产业效益受限制。目前文成糯米山药多是以批发的销售形式进行出售，销售形式原始单一，未能减本增效。四是品牌建设匮乏，产品溢价受制约。品牌体系不健全，形成"小、散、乱"的品牌形象，特别是品牌文化挖掘度不够，没有形成有文化、有品质、有历史的区域特色农产品品牌。

百珍堂生物科技（浙江）有限公司（以下简称"百珍堂公司"）创建于 2000 年，是一家集中式餐饮汤汁酱生产及预制菜研发、生产、销售为一体的国家高新技术企业。百珍堂公司先后通过 ISO 9001 质量管理体系、ISO 14001环境管理体系和 ISO 45001 职业健康安全管理体系、HACCP 等 7 大管理体系；拥有自主知识产权 27 项，其中发明专利 3 项，实用新型专利 21 项，外观设计专利 1 项和涉外专利 2 项；先后荣获中国预制菜产业联盟轮值主席单位、国家高新技术企业、浙江省"专精特新"中小企业、浙江省数字化车间智能工厂、浙江省工业互联网平台优秀企业、浙江省农业龙头骨干企业、温州市预制菜十强企业、中国食品工业协会科学技术奖一等奖、中国烹饪协会中餐科技进步一等奖等荣誉称号。同时，百珍堂公司搭建了强大的研发平台。包括浙江省重点农业企业研究院、省博士后工作站、浙江省高新技术研发中心、浙江省农业科技研发中心等高能级科研机构。

▷▷▷二、 主要做法

一是应对产业链融合不足、口味地域差异大。当前，百珍堂公司积极推动温州预制菜发展，与当地政府进行农业合作，加速研发具有温州特色的预制菜产品，助力当地农业发展。现研发的项目主要有以文成大米为主要原料的微胶囊饭，文成山药为主要原料的冰沙产品、油炸小吃，以洞头的裙带菜、羊栖菜等为原料开发的凉菜系列等预制菜相关研究是当前公司预制菜产品研发所要承担的主要工作任务。（糯米山药产业园见图17-1）

图17-1　浙江温州文成糯米山药产业园

二是应对食品安全把控不严、行业标准不统一。百珍堂公司目前具有完善的食品安全生产管理能力和设备设施，成立了国内首创自主知识产权的2万吨智能化高汤提取生产线。工厂先后通过ISO 9001质量管理体系、ISO 14001环境管理体系、ISO 45001职业健康安全管理体系、FSSC 22000食品安全管理体系、HACCP、生鲜农产品配送服务认证和餐饮配送服务认证。与此同时，百珍堂公司积极参与行业标准建设，目前已主持或参与制定的标准有浙江省食品工业协会发布的《清高汤》《浓高汤》《浙江省名特优食品评价及管理规范》，中国饭店协会发布的《共享厨房服务与操作规范》，温州市饭店餐饮烹饪行业协会发布的《温州预制菜》。

三是应对终端品牌力欠缺。百珍堂公司目前在全国各地已拥有千家门店，旗下拥有晨曦、吾宴、食补小厨、晨曦小金碗、金添补多个品牌。百珍堂公司在线下商铺的基础上增开饿了么、美团两大美食平台线上商铺。2020年战略再次布局电商领域，分别从私域电商和公域电商两大渠道开拓市场，单月实现1 000万线上收入。目前线上线下销售渠道皆非常完善，为大批量推广销售预制菜和打响品牌知名度提供了优良的渠道。

▷▷▷ 三、 重要成效

在百珍堂公司等龙头企业引领带动下，2022年文成糯米山药栽培面积为7 820亩，年产量为1.17万吨，全产业链产值为4.45亿元，获批国家地理标志证明商标，获评浙江省农博会金奖产品、浙江网上农博会金奖产品。同时，一"糯"千金菜品入选温州市首届"十大药膳"名录，入选浙江省首批名优"土物产"百品榜单，糯米山药逐步由特色产业变为主导产业。

（一） 做优供应链，打造标准化种植模式

一是深化企校地合作优种质。百珍堂公司与县农康院合作实施"文成糯米山药选育留种工程"，确保优质种源稳定性。截至2023年，已收集本地种质资源15份，建立种属基地3个，筛选优质品种4个。其中，文糯1号已申请农业部植物新品种保护。二是规范种植标准提品质。百珍堂公司重点农业企业研究院与文成县农康院联合发布《文成糯米山药种植技术规程》《凝果沙科学技术成果登记证书》等，促进山药产量提高15.1%，建成糯米山药种植核心示范乡镇2个、省级放心菜园2个。三是加强要素整合保同质。组建"龙头企业+合作社+科研院所"新型股份制合作公司，生产要素三方合股，生产过程统分结合，农民收益两次分红，该模式每亩增收近3 000元。

(二) 建强销售链，完善立体化营销网络

一是线上拓展提高"流量"。百珍堂公司通过自身抖音号、小红书、淘宝等成熟线上营销模式，派专业团队培训种植户、合作社等主体开展网络直播，并邀请网红直播团队联动助农直播，在淘宝、京东京喜、网上农博等平台进行销售，将"山货"变"网货"。二是政企合作做大"蛋糕"。通过百珍堂公司成熟销售网络，积极对接省市机关、高校及各类型企业，推出糯米山药菜品、礼盒礼包等产品。先后供货给浙江工商大学、浙江农科院、温州大学、瑞安公用集团等近50吨，引育文成南联超市、拾岭农业、厨鑫等6家企业，上市期间每家日均收购40吨以上。三是农旅结合助力"快跑"。以农文旅产业资源为抓手，以"政府搭台+企业唱戏"的方式组织举办各类美食节、药膳评比等农事节庆活动，帮助开发销售40余款糯米山药特色菜，实现农旅附加产值4 000万元。

(三) 提升价值链，实现多元化综合效益

一是"+科技"。百珍堂公司利用20多年在中餐标准化生产沉淀的经验，与文成农康研究院协作建成全省首条具有SC认证的糯米山药鲜切速冻生产线，延长储期至12—18个月。利用汤汁酱类预制菜深加工企业，开发并上市糯米山药鸡、糯米山药如意卷等6个预制菜产品，引领文成糯米山药加工率达50%以上，实现加工产值1.66亿元。二是"+文化"。利用百珍堂中国预制菜产业联盟轮值主席的机遇，登上世界青年科学家峰会系列活动平台，成功举办"文成糯米山药产业发展"对话会。系列活动在央视《谁知盘中餐》《乡约》等栏目专题报道。开发的"药食"同源菜系，如糯米山药土鸡煲、糯米山药排骨汤、糯米山药冰沙等均列入文成特色食疗菜品。三是"+品牌"。将"文成糯米山药"纳入"文品天成"农产品区域公用品牌打造的"1+5+N"农业品牌体系，采取统一标准、统一运营、统一传播的方式吸引生产主体加盟，通过"产销对接""农超对接"，引导当地农户、

合作社与龙头企业签订保底收购协议，提升农产品溢价空间，实现产值增长 20%以上。

▷▷▷ 四、 经验启示

（一）构建新型利益联结机制

积极探索企业和农民股份合作新机制，创新土地流转与金融服务模式，推动土地集聚流转、农业种植规模化发展，根据龙头企业、研究院等在农业环境影响机制积累经验，试点并推广农产品种植气象指数、农作物产量等特色保险。通过建立订单协作、股份合作、产销联动等利益联结机制，构建"农业特色产业联盟+龙头企业+农作物种植户+基地"的全产业链合作模式，将生产、管理、加工、销售、服务紧密联结，通过公共服务、龙头带动、利益共享等措施，打通农业全产业链各个环节，将土地流转农民、作物生产主体、加工流通企业进行利益捆绑，增强农业全产业链的凝聚力和推动力。

（二）做强特色产业平台建设

利用自建智慧化管理平台经验，完善基础、集聚要素、拓展功能，整合提升农业经济开发区、特色农产品优势区、农产品加工区、特色农业强镇、农业科技园、农创园等乡村产业平台建设，打造"一地一平台"，畅通全产业链资源要素，让更多农民分享全产业链增值收益。通过 3~5 年的奋斗，力争创成省市级农业经济开发区，持续推进优势特色产业集群建设。

（三）做大产品精深加工产业

按照"标准化原料基地、集约化加工、智能化仓储、体系化物流配送和营销网络为一体"的农产品加工园区建设标准，加快推进农产品加工园区基础配套设施建设。积极招引农业龙头企业，加快发展农产品产地初加工、精深加工和预制菜开发等综合利用加工，支持龙头企业加强储藏、运输和冷链设施建设，逐步完善冷链物流体系，加快共享型冷库、冷链物流中心建设，健全农产品冷链物流体系。鼓励多方联合开设直销店和连锁店，与大型连锁超市、流通企业对接。

（四）提升品牌融合发展价值

结合生态环境、产业特色，提升产业价值，推进"农作物+"融合发展，打造美食、文化、休闲系列产品品牌，开发特色宴会、文创产品、主题休闲体验场所，形成富有当地特色的农旅体系产品矩阵。有机融合当地的文化、民俗、节日、景观等资源，大力开拓农作物产业的休闲功能、娱乐功能、体验功能，集中创建一批精致特色休闲园区。举办文化节、"十佳园区"评比等活动，将产业与乡村旅游有机结合，打造农业休闲体验示范区。

（五）加强加工技术研发应用

坚持内引外联，积极与百珍堂重点农业企业研究院、浙大文成大健康产业联合研究中心等研究机构合作，围绕农作物产后产业链的延伸发展，开展预制菜产品开发、保鲜技术等关键技术研究，制定预制菜标准化生产管理技术规范，提高产品附加值，打造一批技术研发基地、精深加工基地、产品集散基地、出口创汇基地。

撰稿人：百珍堂生物科技（浙江）有限公司

18

打造预制菜产业园　催动肉鸽产业发展

——广东兴宁肉鸽产业带动农民就业致富

▷▷▷**一、　背景情况**

兴宁市位于广东省北部，是粤闽赣三省边际重要商贸中心，也是广东省重点革命老区、原中央苏区县。2022 年 3 月，广东省人民政府办公厅印发的《加快广东预制菜产业高质量发展十条措施》提出，鼓励老区苏区发展预制菜产业，为粤港澳大湾区提供优质农副产品，促进老区苏区工业产业园与现代农业产业园融合；8 月，梅州市人民政府提请审议《梅州市客家菜传承发展促进条例（草案）》，支持条件成熟的县（市、区）规划建设客家预制菜产业园，预制菜产业正值风口。2020 年，"兴宁鸽"入选 2020 年第一批全国名特优新农产品名录；2021 年，兴宁肉鸽产业园入选广东省 2021 年省级产业园建设名单。

兴宁市正以客家菜预制菜为抓手，积极打造省级预制菜产业园，大力实施农产品食品化发展战略，使其成为食品工业发展方向和新的增长点，推动客家预制菜"出山入湾进京"。2023 年，肉鸽年出栏量达 4 800 万羽以上，肉鸽上市量占全省总量的 15%，占梅州地区总量的 68%；肉鸽主导产业总产值达 21.5 亿元，其中一产产值达 5.3 亿元，二三产产业值达 16.2 亿元，占主导产业产值的 75.35%。产业园共有"三品一标"认证产品 2 个、省级名牌产品 2 个、著名商标 4 个。兴宁鸽预制菜产业，不仅促进兴宁市农业增效、农民增收，还加强了重要农产品的稳产保供，成为推进乡村产业振兴、加速推动农业农村现代化的重要平台。

▷▷▷ 二、 主要做法

根据现有的资源和产业基础，通过兴宁市肉鸽省级现代农业产业园的建设，统筹镇域兴宁鸽预制菜产业从生态养殖、屠宰加工、贸易流通、综合服务、科技研发、文化科普等功能板块，构建"一心驱动、三区引领"的发展格局，打造粤闽赣苏区对接融入粤港澳大湾区振兴发展先行区、客家预制菜高质量发展先行区。

"一心"：兴宁鸽预制菜产业科技创新中心。加大与仲恺农业工程学院、广东科贸等高校和科研机构对接，依托梅州市金绿现代农业发展有限公司等龙头企业，全面推进产学研合作，搭建优质兴宁鸽预制菜产业科技研发中心，打造辐射带动全市乃至全省的肉鸽产业科技中心。

"三区"：兴宁鸽预制菜原料基地绿色循环养殖示范区、兴宁鸽预制菜加工及物流贸易区、兴宁鸽预制菜产业休闲旅游科普协同发展区。

兴宁鸽预制菜原料基地绿色循环养殖示范区。兴宁市肉鸽产业园涵盖龙田镇、叶塘镇、坭陂镇、宁中镇、大坪镇共 5 个镇，总面积为 532.87 平方公里，涉及 148 个行政村，5 个居民社区，总人口 25.82 万人。充分利用该区域优质肉鸽养殖规模优势，以优质肉鸽养殖为重点，依托大型龙头企业，以"公司+基地+农户"的农业产业化模式，带动农户标准化养殖，从而保证了预制菜产业原料的品质及供应安全。

兴宁鸽预制菜加工及物流贸易区。充分利用兴宁市工业园的区位优势和中心集聚功能，围绕优质肉鸽全产业链升级，加强商贸物流仓储业和专业市场建设设施完善，针对肉鸽屠宰、精深加工、包装营销、冷链物流等领域，构建营销网络和服务平台，打造集优势农产品展示、储运、批发、零售等功能于一体的区域特色兴宁鸽预制菜物流贸易区。

兴宁鸽预制菜产业休闲旅游科普协同发展区。依托碧园村、羊岭村的生态田园资源，充分整合产业资源、自然景观、人文资源等，拓展农业生态功能、服务功能等功能，开发从田间到餐桌的兴宁鸽预制菜农业旅游全产业链，丰富美食文化元素，开发大健康养生空间。同时开展具有较强互动性、参与性、趣味性、知识性的农业科普活动，整体打造集肉鸽产业生态观光、休闲度假、农事体验、科普研学、加工销售等于一体的休闲科普、旅游康养景区，提升"以游促销、以游旺品牌"的特色鸽产业产村融合示范功能。

▷▷▷三、 重要成效

（一）打造预制菜食材生产基地，培育壮大兴宁鸽预制菜主导产业

兴宁市是"广东省农业生产大县"，预制菜产业原料充裕，有粤港澳大湾区"菜篮子"生产基地 29 家、广东省"菜篮子"基地 19 家，预制菜产业园约 60% 的初级农产品产自本地。同时，预制菜产品开发能力不断提高，产业园与各大科研院所建立了产学研合作基地，获得了 30 余项专利，研发

了盐焗鸽、红烧鸽、自热鸽汤等预制菜产品。加强品牌创建，重点打造了"陈小鸽""鸽子佬""伟鸽"等客家预制菜产品品牌，其中"兴宁鸽"成为全国名特优新农产品，"陈小鸽"成为广东省名牌产品，兴宁鸽预制菜品牌"陈小鸽"获得粤字号农业品牌荣誉，"陈小鸽风味乳鸽"入选广东省现代农业产业园百家手信。2021 年，肉鸽主导产业总产值达 21.5 亿元，成为兴宁市重要的农业主导产业。

（二）促进三产融合发展，增强乡村产业的内生动力

大力发展种鸽养殖产业。与广州珠江实业集团合作，共建精准扶贫产业帮扶金鸽养殖基地，成立"新农汇"创业创新孵化基地，为合作农户提供养殖技术培训、融资贷款担保、市场营销等系列配套服务，培育了 2 000 多位农户从事肉鸽养殖行业，为 36 位农户提供 200 万元免抵押低息贷款，增强农村产业发展内生动力。

大力发展肉鸽加工产业。通过引进新技术、新设备，进一步提高肉鸽精深加工机械化、智能化水平，提升兴宁鸽预制菜精深加工能力。梅州市金绿现代农业发展有限公司实施年屠宰 1 500 万只活禽加工产业一体化项目，单一肉鸽屠宰加工能力为全省最大；在精深加工方面，兴宁鸽预制菜加工基地每天可生产 5 万只兴宁鸽预制菜。"陈小鸽"系列熟食、自加热鸽子汤等产品已推向市场，并深受消费者好评。与此同时，在传统熟食形态的基础上，还大力开发多元化新型肉鸽食品，以满足不同人群及不同场合的需求。

（三）催生预制菜产业新模式，培育农村经济增长点

通过开发、拓展和提升，兴宁鸽预制菜产业具备文化传承、科普教育、休闲观光等多种功能，进而与文化、旅游、教育等产业交叉融合，把发展绿色、安全、高效的现代农业作为主攻方向，涵盖肉鸽养殖、产品加工、品牌销售全产业链条，关联带动食品包装、保鲜材料制造、物流、电商、

旅游、餐饮等一批配套产业的产业集群，多元培育农民收入增长点，企业和农民收入得到稳定增长。为促进乡村产业壮大发展，市委市政府加快农村基础设施和公共服务设施建设，完善服务功能，提升承载能力，引导人口、产业、公共资源等要素向特色镇、重点镇集聚，农村活力显著增强。

（四）打造兴宁鸽预制菜品牌，提升品牌效应和市场竞争力

大力推进品牌建设，充分利用互联网等新媒体与各类农业展会推广农产品品牌，举办品牌文化节，把兴宁市的优势农产品销往全国各地，提高农产品影响力。2022年，兴宁鸽品牌宣传片先后在CCTV-2栏目、CCTV-7栏目中播出，同年，兴宁肉鸽产业园亮相良之隆2022年第十届中国食材电商节，展会期间，通过举办兴宁鸽·2022第五届中国餐饮交流品鉴宴，将"观"与"品"更好地融合，全方位呈现了兴宁鸽预制菜的实力与潜力，对接了1 500个餐饮和连锁商超、预制菜经销商，初步达成了1 000万元的兴宁鸽预制菜订单。

（五）不断创新利益联结机制，带动农民就业致富

产业园联农带农效果显著。通过完善股份合作、"保底收益+股份分红"、订单农业等利益联结机制，带动农户以养殖、入股分红、就业等方式参与兴宁鸽预制菜产业发展，让农民实实在在分享到肉鸽产业的发展红利。通过成立"新农汇"孵化平台，定期为农户提供各种创业服务，带动2 000多位农户发展肉鸽产业，与23个贫困村签订了合作协议，惠及贫困户1 071户3 611人，截至2021年年底，贫困户累计分红收益达426.26万元，有效带动了农户脱贫致富。通过兴宁市肉鸽省级现代农业产业园建设，每年可为产业园内签订联农带农协议的村集体带来超过75万元的分红，让农户分享产业园建设带来的持续性收益。

同时，将农业生产与休闲旅游相结合，使农业从单纯农产品保障，向就业增收、农业科普、观光旅游、休闲体验、文化传承等多功能产业拓展，

推动产业链延伸、价值链提升、收益链拓宽，有利于农民以及贫困户充分分享产业融合发展的增值收益，助力脱贫攻坚。

▷▷▷ 四、 经验启示

（一） 政策支持是推动兴宁鸽预制菜产业发展的重要保证

2021 年 5 月，农业农村部发布的《关于加快农业全产业链培育发展的指导意见》强调，创新发展农商直供、预制菜肴、餐饮外卖、冷链配送等业态，开发推广"原料基地+中央厨房+物流配送"等模式。

2022 年 3 月，广东出台《加快推进广东预制菜产业高质量发展十条措施》，对推动广东预制菜产业高质量发展走在全国前列做出具体部署。

2022 年 3 月，梅州市农业农村局组织全市预制菜相关龙头企业进行座谈会。梅州市立法支持预制菜产业发展走在全省前列，制订出台《梅州市客家菜传承发展促进条例》，旨在做优做强兴宁鸽预制菜等优势产业，助推乡村振兴。

兴宁市制订出台《兴宁市扶持肉鸽产业发展的若干措施（试行）》，计划每年统筹 1 000 万元资金，在兴宁鸽预制菜全产业链建设等方面给予大力支持。

（二） 群众得益受惠是推动兴宁鸽预制菜产业发展的前提条件

产业发展作为事关群众增收的关键环节，仅仅依靠干部和少数技术指导员的努力是远远不够的，必须要广泛发动群众参与到地方产业发展中来，营造户户有人懂技术、家家有人管产业、人人享受致富成果的良好创业氛围，让贫困群众稳步实现脱贫致富目标。兴宁市不断健全联农带农机制，大力实行"行业协会+公司+合作社+家庭农场+种养大户+农户"六位一体的模式，建立"保底收益+按股分红"等利益联结机制，充分调动农民参与的积极性，实现小农户与现代农业的有机结合，让农民实实在在分享到肉鸽产业的发展红利，助力乡村振兴发展。

（三）敢于改革创新是推动兴宁鸽预制菜产业发展的关键一招

兴宁市牢固树立"绿水青山就是金山银山"理念，立足本地资源优势，选择适宜发展的产业，为广大群众带来了致富福音。我们坚持把生态肉鸽产业作为脱贫攻坚产业扶贫和乡村振兴富民兴村产业进行重点培育，通过出台一套产业扶持政策、制定一个养殖标准、打造一个"兴宁鸽"品牌、打造一桌"全鸽宴"、制定一套宣传方案、打造一个销售平台的"六个一"带动肉鸽产业快速发展，在全省率先出台扶持肉鸽产业发展若干措施，建设全省领先的肉鸽繁育技术和养殖基地，打造完整的肉鸽产品全产业加工链条，着力构建一个"业态多、产值高、带动强、农民富"的兴宁鸽预制菜现代农业产业园，助力乡村振兴发展。

撰稿人：陈伟波 梅州市金绿现代农业发展有限公司

19

小鸽子带动助农大产业

——河北阜平硒鸽产业扶贫模式带动农户增收致富

▷▷▷ 一、 背景情况

全国最大的种鸽繁育基地和肉鸽养殖基地坐落于河北省保定市阜平县。阜平硒鸽实业有限公司（以下简称"阜平硒鸽公司"）是国家机关事务管理局引荐到河北省阜平县的京冀协作扶贫项目成果，其在各部政府的大力推动和支持下，由农业产业化国家级重点龙头企业——野谷健康产业集团有限公司和阜平县阜裕投资有限责任公司，共同投资 5.1 亿元成立。其致力于打造以种鸽繁育为核心，以硒鸽养殖为纽带的生态循环产业集合体，实现种鸽繁育、硒鸽养殖、饲料加工、屠宰加工、食品加工、有机肥加工、特色餐饮等一二三产融合发展。其拥有中国首家曾祖代种鸽场，经营的"天翔 1 号"种鸽，由集团自主研发，是中国首个具有自主知识产权的原种种鸽，这种研发突破结束了我国原种种鸽依赖进口的历史。阜平硒鸽公司是河北省农业产业化重点龙头企业、国家高新技术企业、河北省扶贫龙头企业、河北省专精特新企业，拥有全国唯一的肉鸽产业技术研究院，并与农业农村部、中国农科院、国家鸽业科技创新联盟、中国畜牧业协会、河北农大等专业院校合作，进行肉鸽产业的技术研发和规范。阜平硒鸽公司牵头起草制定了国内肉鸽行业 5 项团体标准当中的 2 项（《种鸽场建设规程》和《鲜（冻）乳鸽》），制定 1 项河北省地方标准以及 6 项企业标准。其中 1 项成为河北省企业标准领跑者，为全国肉鸽标准化养殖和肉鸽加工起到示范和引领作用。

阜平硒鸽公司占地 2 343 亩，存栏种鸽 55 万对，每年可向全国市场提供优质种鸽 60 万对，富硒乳鸽 1 000 余万只，全年可加工各类富硒乳鸽 400 余万只。阜平硒鸽公司全产业链的发展模式从源头上保证了食品安全、生态安全，为发展肉鸽食品加工、预制菜产业奠定了良好的基础。（阜平硒鸽健康产业园区全景见图 19-1）

图 19-1　阜平硒鸽健康产业园区全景

阜平硒鸽食品加工有限公司是阜平硒鸽公司的全资子公司，是保定市十大预制菜龙头企业，打造了国内首个专业肉鸽食品加工园区，总投资1.16亿元，建设有肉鸽屠宰加工、熟食加工、食品深加工、中央厨房、仓储物流、冷库、研发中心等设施。联合国内知名设备厂家共同研发了全国首条全自动肉鸽屠宰线，肉鸽屠宰加工技术和工艺居于国内及国际领先水平，日屠宰量达到3万只，能够加工多种类型和规格的生鲜类型产品。拥有全国首条全自动小金碗即食鸽汤生产线和马口铁即食鸽汤生产线，采用国内独有的专利产品技术，日加工鸽汤量达到6万罐，可以生产多种口味和类型的即食鸽汤罐头和自加热鸽汤罐头；拥有多条肉鸽加工生产线设备，包括酱卤生产线、盐焗生产线、速冻生产线、烧烤生产线、腌腊生产线等。项目全部达产后，生鲜系列产品年产值达到1.8亿元，鸽汤系列产品年产值达到2.1亿元，熟食系列产品年产值达到9 600万元，年销售收入达到4.8亿元，其中预制菜系列产品销售额达到3亿元以上，实现利税5 000万以上。阜平硒鸽公司全产业链的发展模式，从源头上保证了食品安全，并通过集团的核心专利技术使其生产的鸽肉、鸽蛋成为富硒产品，保证产品成为功能性食品。阜平硒鸽获得了ISO 9001质量管理体系认证、HACCP认证、富硒认证、良好农业规范认证、无抗认证等多家权威机构的认证和认可，有力保障了食品的安全。

▷▷▷二、 主要做法

根据近几年市场的需求，保定市大力发展预制菜产业，在各级政府部门的支持和帮助下，阜平硒鸽公司持续加大预制菜系列产品的研发力度，加入保定市农产品食品化工程中央厨房产业联盟和保定市中央厨房和预制菜联合会，提高产业和行业竞争力，打造出"中央厨房"富硒肉鸽高端预制菜系列产品，不断研发制作工艺和产品类型，研发了"即食、即烹、即热"十余种富硒肉鸽高端预制菜系列产品，能够供应大型餐饮、商超等多种市场渠道。其中阜平硒鸽公司富硒红烧乳鸽半成品，作为保定市特色预制菜产品，将传统工艺与现代技术融合，采用多项国际最先进的工艺和技术，具有锁鲜、保水、节时的特点，近两年来供应至包括北上广深一线城市在内的全国多家大型连锁餐饮、商超、五星级酒店等，并且与盒马、蔡澜点心签订了全国总代理合同，销售火爆。（红烧脆皮乳鸽见图 19-2）

图 19-2　红烧脆皮乳鸽

2022 年 7 月，通过保定市揭榜挂帅项目，在国家食物与营养咨询委员会的组织下，阜平硒鸽公司联合农业农村部食物与营养发展研究所、中国疾病预防控制中心、中国中医科学院药用植物研究所、中国农科院北京畜牧兽医研究所四大科研机构，围绕富硒鸽肉营养功能，研究富硒鸽肉对癌症病人、糖尿病人的辅助治疗功效和提高人体的免疫力进行科学的评价，将本草纲目的论述与现代的科学检测结果相结合，推广富硒鸽肉的营养标签。

目前富硒鸽系列预制菜市场需求量不断增加，阜平硒鸽公司已经启动预制菜加工二期建设项目，建设预制菜生产车间、冷库、速冻库、成品库等，并且与诸城市食品机械研究所达成合作，新建全自动肉鸽生腌预制菜系列产品生产线，同时升级现有生产线，增加自嗨锅、铝箔碗等富硒鸽汤系列产品，提高冷链存储和运输能力，丰富预制菜产品品种，降低存储和运输成本，提高富硒肉鸽预制菜的市场竞争力，积极拓展新的市场渠道，加大线上销售力度，将"阜平硒鸽"打造成为全国肉鸽预制菜第一品牌，助力保定市预制菜产业的发展。

▷▷▷ **三、 重要成效**

阜平硒鸽公司通过硒鸽全产业链的发展模式和"政府+龙头企业+产业园区+合作社+农户"的产业扶贫模式，带动农户增收致富，同时促进产业做大做强，为阜平县高质量脱贫和乡村振兴做出重要贡献。项目全部投产后，企业能够提供稳定就业岗位 2 000 余个，人均年收入 5 万元以上。截至2023 年，企业就业已达 900 余人，其中建档立卡贫困户 370 人。项目通过利益联结机制每年向 1.2 万户建档立卡贫困分红 1 470 万元，共计带动建档立卡贫困 1.27 万户。

2020 年 1 月保定市政府工作报告宣布阜平县硒鸽产业扶贫项目成为国家扶贫典型案例。阜平硒鸽公司荣获中国畜牧业协会颁发的"产业扶贫先锋企业"奖，并获得中国肉类协会颁发的"中国肉类食品行业先进企业"称号。

▷▷▷ **四、 经验启示**

阜平硒鸽食品加工有限公司将继续大力发展预制菜产业，加大预制菜研发力度，增加预制菜品类，开发新的富硒鸽预制菜系列产品，始终秉承"农稳中国，食安天下"的企业使命，持续发挥全产业链的优势，实施绿色农业。以"种鸽繁育"为核心，以"肉鸽食品加工"为支柱，以"富硒肉鸽系列产品"为卖点，以"十城百店千连锁"为抓手，借助全国人大立法把鸽子列入传统家禽的契机，为乡村振兴和健康中国伟大目标的实现贡献力量。

撰稿人：谢　辉　阜平硒鸽实业有限公司

20

发展预制菜产业 打造龙虾"第一股"

——湖北潜江小龙虾产业发展的实践

▷▷▷一、 **背景情况**

湖北小龙虾产业控股集团（以下简称"小龙虾控股集团"）坐落于素有"中国小龙虾之乡"美誉的湖北省潜江市。

湖北省委、省政府部署农业产业强省战略，聚焦农业产业链建设和湖北小龙虾产业高质量发展，湖北农业发展集团不忘初心使命、勇于担当作为，携手湖北莱克食品科技公司、北京信良记食品科技公司，成立湖北小龙虾产业控股集团有限公司，集团注册资本3亿元，经营规模70多万平方米，带动就业 10 000 多人，年加工能力 20 万吨，冷链仓储 50 万立方米。

小龙虾控股集团是一家集良种选育、苗种繁育、生态养殖、精深加工、外贸内销、冷链物流、智能装备、科研创新于一体的小龙虾产业融合发展平台。集团按照市场化原则，整体规划小龙虾产业布局，整合小龙虾产业链上下游优质资源，加快小龙虾产业经营体制机制创新，推进湖北小龙虾全产业链向集约化、标准化、规模化、精细化、市场化、品牌化方向发展，依托国家乡村振兴战略，推广现代农业产业化盈利模式。

▷▷▷ 二、 主要做法

小龙虾控股集团坚持以原料基地为据点，做活第一产业；以壮大龙头为核心，做强第二产业；以渠道建设为引领，做精第三产业。加强延链强链补链，有力促进小龙虾一二三产业深度融合。

（一）延链构建原料收购基地，保障原料供给

（1）多方筹措收购资金，原料应收尽收。凭借农发供应链融资平台，以及广泛地与国有、商业银行对接，筹措原料收购资金 15 亿元，敞开收购、托底收购、加价收购，应收尽收，最大限度保护虾农利益。

（2）建立原料收购基地，统一收购管理。改变坐等养殖户送货上门的做法，以合作社为纽带，在小龙虾主产区建成小龙虾原料收购网点 52 个，采取统一设备、统一价格、统一运输、统一分配、统一结算的方式进行管理，扩大原料收购朋友圈，最大限度为虾农提供便利。

（二）强链构建现代企业管理，壮大龙头实力

（1）高标准设计，打造现代化工业示范园。2022 年建成生产工艺全流程、一体化、现代化无菌小龙虾生产车间 12 万平方米，实现从原料收购至产品出库、从副产物分离至综合利用、从雨污分离至达标排放，从精加工

展示至虾稻共作示范，打造成为小龙虾精深加工"一条龙"现代工业示范园。

（2）高效率提升，建设智能化加工生产线。从前端原料收购、产品分级，自动称重、挑选蒸煮，到中端剥虾去壳、水煮油炸，再到悬浮速冻、每道包冰、灌装锁鲜，实现加工生产的数字化、智能化、精细化、绿色化。集团拥有自动化小龙虾产品加工生产线43条，年加工能力达到10万吨。

（3）高力度改革，激活内部体制机制活力。为增强企业活力与竞争力，通过优化机构设置、归并部室职能、从严控制编制、优化薪酬体系，开展劳动人事分配三项制度改革，为完善法人治理结构、增强企业管理奠定坚实基础。（潜江市龙湾镇养殖基地见图20-1）

图20-1　潜江市龙湾镇养殖基地

（三）补链构建销售市场网络，扩大品牌影响

（1）畅通产品销售渠道。构建国内国际双循环、线上线下同频共振的市场格局，在全国主要城市建立了25个经销网点，签约了25个省级代理商，走进盒马、大润发、沃尔玛等大型连锁超市。借助莱克天猫旗舰店以及楚玉抖音、快手旗舰店等平台，以网红直播形式带动日常销售。

（2）扩大品牌宣传影响。通过潜江龙虾节、国际渔业博览会、电商食材展、预制菜博览会等大型专业展会，以及大型冷冻批发市场户外广告、全国性的冷链物流车身广告等多种方式，提升了莱克、楚玉、楚江红、康宏侠、藕博士等主打品牌影响力和知名度。

（3）加大反季新产品销售。针对小龙虾系列产品季节性强的特点，集团与科研院所联合，开展巴沙鱼柳、调理鲴鱼、调味烤鱼、淡水鱼糜、剁椒鱼头、藕汤、麻辣螺蛳等反季预制菜产品开发、生产与销售，提升企业综合效益。（小龙虾精深加工现代产业园加工车间见图21-2）

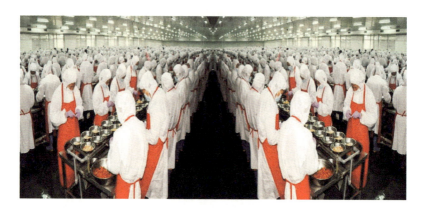

图21-2　湖北小龙虾控股集团小龙虾精深加工现代产业园加工车间

▷▷▷ **三、　重要成效**

以"龙头带动、增收不愁"为理念，实行"五带动、五不愁"，助力乡村振兴战略。

一是以建设基地带动，解农民无本钱之愁。小龙虾控股集团按照统一标准建设虾稻共作基地，实现了一田双收、一虾两收、高产高效、循环生态的良好效益，亩平收入5 000元，收入比单一种植水稻的高6倍，不仅带动了农民增收致富、保证了国家粮食安全，而且改善了农村生态环境、推动了虾稻产业发展。

二是以科技攻关带动，解农民不会养之愁。小龙虾控股集团每年无偿举办两期小龙虾高效养殖技术培训会,向潜江及外县市虾农传经授道,"莱克模式"辐射了全省350多万亩的养虾面积,向全国其他20多个省市推广。"虾稻共作"模式引领湖北、推动全国,被农业农村部誉为"现代农业的一次革命,是现代农业发展的成功典范"。

三是以收购加工带动,解农民找销路之愁。在小龙虾加工旺季,小龙虾控股集团收购车间每天可以收购1 000多吨小龙虾,实现农户"产销"一体式服务,从根本上解决虾农销路难题。

四是以安置就业带动,解农民务工之难之愁。作为劳动密集型企业,随着企业高速发展,用工需求也在逐年增加,每年4月都定期举行大型招聘活动,招聘后采取"进门就是课堂"的策略,既抓理论知识培训,又抓实践技能操作,实现"把普通农民培训成为专技型工人"的目标。在生产旺季可安置就业10 000余人。

五是以"走出去"带动,解农民无共享之愁。小龙虾控股集团推行"走出去"战略,开启全国共享模式,在湖北、湖南、安徽等地已有15家协同发展的合作加工厂,实现了模式共享,带动周边经济共同发展。

▷▷▷四、 经验启示

加工强,则产业强。加工一头连接原料养殖基地,一头连接产品消费市场,加工强,则产业强。小龙虾每年收购时长为4个月,生产加工时长为9个月,综合产值20多亿元。小龙虾控股集团的主打品牌"楚江红"是中国驰名商标,连续7届荣获中国国际农交会金奖,主导产品单冻龙虾尾、即食调味虾球、水洗虾仁、带黄虾仁、美式卡津辣粉虾、欧式茴香汤料虾、中式口味小龙虾、清水原味小龙虾、淡水鱼米、泡藕带等10多个系列30多个品种,产品销往全国各大城市以及出口欧美、日韩、中东等20多个国家和地区,产品合格率达98%以上,小龙虾加工量和出口创汇连续10多年保持全国同行业第一,占湖北省总额的半壁江山。

源头稳，则产业稳。没有稳定的原料养殖基地，加工犹如无源之水，无本之木。小龙虾控股集团在湖北潜江市、沙洋、黄梅，按照"虾稻共作"模式高标准建成小龙虾生态繁养基地10万多亩，形成了田成块、路成行、清水入渠、自流排灌、蜘蛛结网、白鹭回归的生态绿色农业，实现了一田双收、一虾两收、高产高效、循环生态的良好效益，不仅带动了农民增收致富、保证了国家粮食安全，而且改善了农村生态环境、推动了虾稻产业发展。

科技兴，则产业兴。小龙虾控股集团是全国最早开展小龙虾工厂化繁育研究的企业，多年来与长江水生所、湖北省水科所、华中农业大学等科研院校开展产学研合作且成效明显。后又争取到中国科学院水生所桂建芳院士加盟，拥有王忠卫、张堂林、周莉、魏开金、舒新亚、陶忠虎等20多位专家的团队，成立了全国首个小龙虾院士专家工作站以及全国唯一的小龙虾产业技术研究院，力争"十四五"期间培育出生长速度快、抗病能力强的小龙虾新品系。

撰稿人：邹圣碧　湖北小龙虾产业控股集团有限公司

21

预制羊肉新产业 创造致富新模式

——山西怀仁金沙滩羔羊肉发展的探索

▷▷▷ **一、 背景情况**

怀仁市是山西省"一县一业"肉羊养殖示范基地县、首批国家级农产品质量安全县、全国草牧业和粮改饲建设试点县，是农业农村部向全国推介的"一县一业"农产品加工发展典型之一。"怀仁羔羊肉"是山西省著名商标，获得国家地理标志证明商标认证，并于 2017 年通过了国家质检总局国家地理标志产品保护申请和生态原产地产品保护申请。（厂区鸟瞰图见图 21-1）

图 21-1　厂区鸟瞰图

怀仁市金沙滩羔羊肉业股份有限公司（以下简称"金沙滩羔羊肉业公司"）位于山西省朔州市怀仁市食品工业园区，成立于 2013 年 2 月，占地面积 8 万平方米，总投资 10.5 亿元，交通便利，环境优越，是一家集"牧草种植、种羊繁育、羔羊养殖、屠宰分割、生熟肉加工、产品研发、冷链物流、羊粪有机肥加工"于一体的低碳环保、循环式利用、链条式生产的现代化羔羊肉生产加工企业，先后通过了 ISO 22000 食品安全管理体系认证和 HACCP 体系认证，是农业产业化国家重点龙头企业、山西省农业产业化省级重点龙头企业、山西省扶贫龙头企业。

▷▷▷二、　主要做法

近年来，金沙滩羔羊肉业公司按照怀仁市委、市政府提出的"养殖带种植、园区促规模、加工提内涵、产业全循环"的发展思路，科学规划，扩大养殖规模，延伸产业链条，打造特色品牌，着力提高产业效益。通过政策扶植、金融支持、协会指导、项目整合、资金捆绑、集中投入，由"一家一户"式家庭养殖模式，迅速发展成"园区化发展、专业化分工、商品化生产、社会化服务"的现代养殖业新格局，探索出了"优种羊、标准圈、园区集聚，讲科学、精饲料、健康养殖"的养羊模式。并乘着怀仁市预制菜产业发展的东风，金沙滩羔羊肉业公司深耕羊肉精深加工，从羔羊养殖、屠宰、加工到制成各类预制菜，再通过冷链仓储物流走上消费者餐桌，全流程进行实时监控，充分保证了金沙滩羔羊肉的产品品质。

随着怀仁市养殖业规模的不断扩大，在促进加工业深入发展的同时，产业链也得到进一步延伸。金沙滩羔羊肉业公司建设了肉羊育肥屠宰中心区，并扩大产业辐射，规划实施了贯通南北的十里产业带，建设高标准肉羊养殖园区，培育龙头企业，形成了饲草种植加工、羔羊繁育养殖、屠宰加工销售、羊绒加工、肠衣加工、有机肥加工等完整的全循环产业链条，基本实现了"玉米和秸秆全消化、羊肉和皮毛全加工、下货和羊粪全利用"。大项目、深加工、系列化、精细化，具有怀仁特色的羊产品正在形成，为做强做大"中国羔羊第一县"提供了强大的产业支撑，走出了一条以农载牧、以牧富民的现代畜牧业发展道路。（羊肉馅见图21-2）

图21-2　即配预制菜产品"羊肉馅"

▷▷▷三、　重要成效

金沙滩羔羊肉业公司现通过羔羊屠宰后精细加工，一只羊可分割加工为30多个系列160多个品种。同时，金沙滩羔羊肉业公司还自主研发40多种羊肉熟食产品（预制菜品），填补了市场空白。

（1）速冻分割产品。金沙滩羔羊肉业公司生产的"塞外鲜"牌速冻羊肉产品经过冷却排酸工艺，肉的口感得到了极大改善，味道鲜嫩。肉的酸碱度被改变，新陈代谢产物被最大程度地分解和排出，从而达到对人无害化，同时改变了肉的分子结构，有利于人体的吸收和消化。金沙滩羔羊肉业公司主要的法式分割产品属国内工艺最高，独特的生产工艺产出优质的羊肉产品，产品以其鲜嫩滑香的特点，深受广大消费者的信赖，市场占有率逐年增加。

（2）预制菜产品。金沙滩羔羊肉业公司聘请专业品牌策划机构对系列羊肉熟食产品进行全新的包装设计和品牌策划，将家庭式休闲消费理念融入产品的宣传和推广中。将鲜羊肉及羔羊不同的部位，经预加工或预烹调制成的预包装产品，开封后可直接食用，亦可经过复热即可食用。消费者不必再为吃什么、怎么吃而犯愁，每一个产品都是一道美味的家常菜肴。便利的羊杂和各种羊肉熟食制品等产品系大众食品，符合当前速食家庭的需要。方便快捷的饮食方法，适用于各大超市、连锁餐饮店、快餐店等消费群体，发展前景广阔。各产品按照预制菜品食用方式可分为：即食、即热、即烹、即配四个系列。

▷▷▷四、 经验启示

金沙滩羔羊肉业公司采取独创的"龙头企业+合作社+家庭农场+农户"的发展模式，使农牧民的养畜积极性得以提高，进而形成一个以运用高科技手段进行羊良种繁育、科学饲养、产品加工并具有带动性的企业为龙头，以农牧户为龙尾的产业化格局，实现贸工农一体化、产加销一条龙的良性循环，形成"市场牵龙头、龙头带基地、基地带农户"的经营体系，促进项目区及周边农户走向富裕，为当地农牧民发展规模养殖、实现脱贫致富开辟新的路子，为生产优质肉产品培育新的生产基地。

撰稿人：白富杰　怀仁市金沙滩羔羊肉业股份有限公司

22

新煌厨预制菜跑出"加速度"

——江西新煌预制菜发展之路

▷▷▷ 一、 背景情况

江西新煌厨餐饮有限公司（以下简称"新煌厨公司"）成立于 2020 年 4 月，位于江西省南昌市南昌县小蓝经济技术开发区，秉承着"客户至上，合作共赢，好学创新，诚信感恩"的价值观，做良心企业，供放心食品，依托完善的供应链体系、智能化的中央厨房，提供贴心、暖心、舒心的品质服务，立志成为餐饮业备受尊重的企业。主营业务包括农产品深加工配送、冷链鲜食加工、中央厨房净菜加工、预制成品菜、学生营养餐配送、食堂托管等六大板块，实现从食材源头至消费者终端的全产业链运营，确保了食材质量和稳定供应，可满足客户一站式采购，是政府、企事业单位食堂、大型酒店、餐馆和商超等客户的优质供应商。新煌厨公司以江西为起点，立足江西、面向全国发展中央厨房业务，目前在南昌、萍乡、宜春、丰城、湖北孝感等地设立中央厨房基地。（江西新煌厨餐饮有限公司见图22-1）

图22-1　江西新煌厨餐饮有限公司

▷▷▷ 二、 主要做法

3分钟就能出锅的鸡蛋肉饼汤，10分钟就能搞定的莲花血鸭，20分钟就能上桌的鲍鱼三杯鸡……加班忙碌但也想快速享受美味佳肴，新煌厨公司的预制菜让这些选项成为可能。随着生活节奏的加快、速食消费的发展，懒人经济、独身经济等兴起，新煌厨公司的预制菜迎来了发展的"机遇"，与此同时，"挑战"随之而来。

首先，新煌厨生产预制菜面临的第一个问题就是预制菜的生产安全问题。"民以食为天，食以安为先"，新煌厨公司在原材料采购、深加工、产品配送和销售等每一个环节均严格执行国家质量标准和食品安全标准，为此新煌厨公司投资建立高标准的洁净、恒温车间。配备十万级空气净化设备，生产标准已达到医药生产企业同等标准。同时与江西九州检测检验有限公司合作，具备了对原料、产品进行包括食品微生物指标、理化指标、农残药残、生长激素、有害重金属在内的 60 多项指标的检验检测的能力，并取得了省质监局资质认定。

其次，解决预制菜的"最后一公里"问题非常重要。预制菜需要全程冷链配送，如果在运输过程中冷链断裂，就可能导致菜品变质。短保预制菜受限于跨省跨区域销售，由于保质期短，运输配送时间急，运输的成本高，在一定程度上制约了短保预制菜的发展。为此新煌厨公司与专业的煌兴冷链物流企业合作，配置专业保温配送车队，通过 GPS 定位+物联网 5G 云系统监管运输，全方位保障配送需求，餐车装车出发使用封签进行封车并记录上传云系统，抵达由客户与新煌厨派驻食品安全员共同开启，后由品控人员最终核对，保障运输无人为污染破坏，保障运输安全，而且配送车辆均安装保温设备，保证温控品控，保障食品符合食用要求。针对跨省跨区销售问题，新煌厨公司在全国各地设立中央厨房基地，真正完成"从田间到餐桌、从枝头到舌尖"的预制菜配送。

最后，在新煌厨公司的预制菜火热发展的同时，还存在着受原材料价格波动大、部分菜品口味复原难、消费者口味不同等问题。这意味着新煌厨公司做好预制菜的标准化、规模化、多样化等意义深远。预制菜生产的最大难题是实现产品的标准化，真正的标准化不只是主料、配料、调味料要做到标准化出品，更是杀菌过后的产品也能达到包装完整、口感、色泽一致的严格要求。多年来，新煌厨公司以优质技术人才为根基、以市场需求为导向，持续推动生产标准化。

在探索"标准化"的过程中，值得一提的是，新煌厨公司自建智能物联网+一体化中央厨房系统，搭建先进智能化生产流水线，引进万能蒸烤箱、真空速冷机、炒菜机器人、气调保鲜包装机、微波隧道、原材清洗流水线等国际技术领先的大型专业设备，严格按照食品加工要求，采用 HACCP、GMP 等生产规范监测产品加工过程中的卫生情况，结合其自有蔬菜基地，现实源头可追溯，涵盖 8 大项 185 种采购单品。完善的原材料验收机制，确保三证齐全，保障食材绿色、安全、无污染，为客户打造更安全健康、更营养、更美味的膳食搭配，确保每一份产品的色香味俱全。

▷▷▷**三、 重要成效**

预制菜作为食品行业的一个新兴门类，它一头连接着产地，一头连接市场；一头连着生产，一头连着消费；一头连着农民增收，一头连着市场供给。预制菜被认为是农村一二三产业融合发展的新模式，是推进"菜篮子"工程提质增效的新业态，是农民"接二连三"增收致富的新渠道，对促进创业就业、消费升级和乡村产业振兴具有积极作用。（新煌厨生产车间见图 22-2）

图 22-2 新煌厨生产车间

新煌厨公司作为国家级农业产业化龙头企业煌上煌的下属子公司，坚持以实际行动带动农业产业融合发展，在江西省，新煌厨公司所用肉类原材料都是煌上煌通过"公司+合作社+农户"的模式，培育扶持的 27 个肉鸭养殖专业合作社提供，通过原材料采购、等多种利益联结方式，推进资源变资产、资金变股金、农民变股东，探索农户参与二三产业创业、创新模式，促进小农户与现代农业的有机衔接。目前，新煌厨公司原料供应商在江西省养殖基地年产红毛麻鸭数千万羽，累计带动农户 200 余户，增收 3 000多万元。2021 年新煌厨公司原料供应商积极响应政府号召，进驻南昌县冈上镇水禽产业园建设种鸭养殖产业链基地，采用水禽加工带动农户养殖的产加销一体化模式与南昌苗旺实业有限公司等龙头企业合作直接带动周边农户 300 余户，产业园农民人均可支配收入 32 046 元，比南昌县农民人均可支配收入 24 112 元高出 30%，高于江西省平均水平。未来新煌厨公司将加大与淡水产品养殖场建立合作，长期提供鲜活水产，推动水禽产业高效良性发展，建立多家自营农场、养殖场，与直采地众多农村合作示范区、知名种养大户签署战略合作，促进周边农民持续增收，实现农村居民人均可支配收入稳步提升。（南昌县冈上镇水禽产业基地见图 22-3）

图 22-3　南昌县冈上镇水禽产业基地

其中作为新煌厨公司重点推广的莲花血鸭，属赣菜系萍乡菜一支，是江西省萍乡市莲花县的一道特色名菜。莲花血鸭因具有"色美味香、鲜嫩可口"的特点而被列入"十大赣菜"之一。2009 年申报省级非物质文化遗产成功。2018 年 9 月，被评为"中国菜"之江西十大经典名菜。

作为现代企业，既有传承也有创新，新煌厨公司自主创新的鲍鱼三杯鸡同样盛名远播。三杯鸡作为江西的十大名菜之一，各地做法不一，但是作为预制菜更需要一些创新。在新煌厨公司看来，三杯鸡中加入高端鲍鱼后，其市场潜力更大，鸡肉细腻嫩滑、甘香鲜美、营养丰富，配合鲍鱼的鲜美，让人唇齿留香。

▷▷▷ **四、 经验启示**

预制菜产业的发展，增加了生产企业对农产品的需求量。预制菜及半成品净菜可以减少生鲜农产品多层流通、搬运过程中的损耗，在为消费者提供更多元、便捷的美食解决方案的同时，也能大大提升农产品的附加值，增加农民收入。预制菜产业将是乡村振兴的落脚点，"生产预制菜的中央厨房一头连接产地田间地头，一头连接市场餐桌，是推动产业兴旺的重要载体，是延伸产业链、提升价值链、打造供应链的有效手段。"

从供应端来看，以预制菜为载体的农产品食品化工程，可大大延长农产品的销售时间、拓展销售空间，倒逼上游农业生产产业化、标准化，延长农业产业链、价值链，推动一二三产业融合，加强小农户与大市场的有效对接。

而在需求端，通过农产品的低损耗、高复用，可大大满足城市消费者对于优质农产品高品质的消费需求，满足城市白领对美好生活的向往，让烟火气回归家庭。与此同时，通过预制菜销售体系又可让更多普通人拥有成为高盈利店主的机会，推动共同富裕实现。

预制菜作为拥有巨大潜力的新兴产业，近些年来逐渐成为农业经济的增长点，它能够全面提升农产品效益，带动从原材料生产到加工，再到全产业链发展。新煌厨公司，致力于打造一条集种植生产、加工、配送为一体的预制菜产业链，将美味佳肴送往千家万户，跑出"加速度"，助力乡村振兴。

撰稿人：江西新煌厨餐饮有限公司

23

创新打造地标产品预制菜
打通农产品直达餐桌"最后一公里"

——陕西略阳打造乌鸡品牌的探索与实践

▷▷▷ 一、 背景情况

略阳县，隶属于陕西省汉中市，位于嘉陵江上游、汉江北源，秦岭南麓西段，地处陕甘川毗邻地带，素有"秦蜀要冲、陕甘纽带"之称。始建县于西汉元鼎六年（公元前111年），千百年来一直被视为兵家必争和商旅辐辏之所在。全县总面积2 831平方公里，辖15个镇2个街道办，常住人口 14.06 万人。略阳县生态资源丰富，并有 1 900 余年的乌鸡养殖历史，获国家地理标志产品保护认证，是陕西省唯一的地方家禽保护品种。

近年来，略阳县围绕"绿色循环·转型发展"定位，树立大食物观，按照"一县三品、一品一链"思路，着力打造以乌鸡产品加工为"干"贯通产加销的现代乌鸡产业体系，并成功创建了"一村一品"示范镇、乌鸡现代产业园、省级首批农村产业融合发展示范园等一批产业融合发展载体。乌鸡年出栏量达 190 万只，为推动略阳县预制菜产业高质量发展提供了要素支撑和集聚平台。截至 2021 年，略阳县预制菜产品品类涉及自加热乌鸡汤、冷鲜鸡、乌鸡酱、乌鸡熟食、乌鸡休闲食品等即食、即热、即烹、即配的30 多个产品品类，其中陕西百味园网络科技有限公司（以下简称"百味园公司"）研发生产的"村长鸡"牌自加热乌鸡汤等系列产品荣获第 105 届巴拿马万国博览会金奖。引进并培育从事乌鸡预制菜生产加工企业 6 家，建成预制菜加工生产线 5 条，年加工产能累计达到 1 000 余吨。略阳县预制菜产业快速发展，已成为延长农业产业链条、提高农产品附加值、促进农民增收致富的新兴产业。

▷▷▷ 二、 主要做法

（一）推行"五统一"模式，建设标准化优质原料供应基地

针对各养殖主体乌鸡养殖品种不统一、乌鸡抗病力差、生长速度慢、养殖效率低等制约规模化养殖的问题，百味园公司按照农产品生产"三品一标"要求，推进农产品品种培优、品质提升、品牌打造和标准化生产。通过"育种中心+企业+合作社+基地"的模式，建立订单基地，按照"统一品牌、统一鸡苗供应、统一标准、统一养殖防疫技术、统一回购"的"五统一"方式，提升养殖标准化、规范化、规模化水平，有效稳定预制菜优质原料供应，保障质量安全，提升品质水平。

（二）强化产学研用联合创新，开发丰富多样的预制菜品类

《本草纲目》《中国医学辞典》《中国药用动物志》等均称乌鸡是珍贵的药用鸡，其骨、肉、内脏、血、蛋均可入药，可配成多种成药和方剂，有极高的药用价值。为充分挖掘乌鸡药食同源价值，适应多样化、个性化消费市场需求，推动传统菜肴、乌鸡食品与现代化、标准化生产技术结合，略阳县联合中科院、农科院、四川大学、华中农业大学等多家科研院所合作开发出了自加热乌鸡汤、乌鸡精、乌鸡酱、乌鸡养生宴、乌鸡休闲食品等类别多样、营养健康、方便快捷的系列化产品，并由企业实现量化生产和销售。

（三）构建预制菜全产业链标准体系，提升产品质量安全

预制菜行业目前缺少技术标准、行业标准和安全监管标准，行业发展质量良莠不齐，市场消费信用不高。略阳县以略阳乌鸡养殖国家标准化示范区为枢纽，严格贯彻落实国家有关食品安全生产标准，一是制定预制菜全产业链标准体系，围绕乌鸡繁育、养殖、屠宰、疫病防控、加工、质量控制等，引导协会和企业制定团体标准和企业标准，制定了《地理标志产品略阳乌鸡》等以略阳乌鸡省级标准、综合体市级标准为主，乌鸡生产加工企业标准为辅的标准体系。二是加强乌鸡养殖、屠宰、产品加工和销售全过程质量监管，健全食品安全追溯体系，完善预制菜行业监管机制，强化预制菜"从田间到餐桌"全程监管。严格执行企业预制菜生产标准，推动"明厨亮灶"向预制菜生产车间、中央厨房等加工环节延伸，确保预制菜食品安全。推动预制菜生产企业落实食品安全主体责任，发挥信用监管作用，开展预制菜企业诚信体系评价，加大对违法失信生产经营企业的约束惩戒力度。

（四）创新品牌营销，提高预制菜产品市场占有率

为进一步规范行业发展，提升预制菜市场辨识度和知名度，围绕团体、个人等消费终端需求，推动预制菜生产企业加强品牌建设，打造质量过硬、社会认可度高的预制菜特色品牌，提升附加值和软实力。创建了"村长鸡""乌雉""黑咯咯""汉水秦臻""爱乌宝"等产品品牌。其中"村长鸡"品牌被中华品牌委员会评选为中华农产品十大品牌。加强产销衔接，创新预制菜线上线下联合销售模式，开拓预制菜消费市场。围绕医院、企业、超市、社区等，大力发展预制菜团餐配餐。建设了农特产品专营店、品牌直营店、餐饮企业等 10 家。支持预制菜企业发展电商，拓展线上线下销售渠道，建立百味网农产品电商平台，搭建预制菜产销对接平台，年电商销售收入 2 000 万元。积极参加各类预制菜产销对接会、博览会、农博会等，乌鸡系列产品远销全国各地。

▷▷▷ 三、 重要成效

（一）特色品牌建设推动产业升级

聚焦品牌打造对于抢抓预制菜发展机遇，推动预制菜产业做大、做强、做优，以预制菜产业促乡村振兴高质量发展具有重要作用。陕西百味园网络科技有限公司有效利用略阳乌鸡地理标志产品优势，积极参加各类营销活动宣传产品品牌。2017 年注册品牌"村长鸡"被中华品牌委员会评选为中华农产品十大品牌 。在 2019 年全国旅游商品大赛和陕西（第六届）旅游商品大赛上，"自热略阳乌鸡汤"荣获大赛金奖荣誉。2020 年由略阳县文旅局选送的"村长鸡·系列乌鸡肉酱"荣获旅游商品大赛银奖，并在 2020 年第 105 届美国巴拿马万国博览会上略阳乌鸡"村长鸡"系列产品荣获金奖，其品牌价值达 161.90 亿。品牌建设的持续推进对略阳乌鸡预制菜产业发展

和助力乡村振兴起到了示范带动作用。

（二）利益联结机制带动农民增收致富

略阳乌鸡是略阳县地标产品，是当地农户增收致富的重要"抓手"。百味园公司积极推动略阳乌鸡预制菜与农村一二三产业融合发展，做好预制菜加工、农村电商物流、乡村休闲旅游等乡村产业与产业消费一体化融合，将农户紧紧吸附到预制菜全产业链发展的各个环节，促进小农户与乌鸡产业发展充分衔接，保证农户合理分享产业发展收益。目前，形成了公司+农户、公司+合作社+农户等利益联结机制。通过对全县 14 个镇办、51 个行政村、43 个专业合作社、19 个家庭农场、576 户养殖农户开展略阳乌鸡养殖订单回收，带动当地就业增收的农户上万人，人均增收 3 000 元，推动农产品增值、产业增效。同时，乌鸡产业园常年可提供 600 余个就业岗位，直接带动预制菜全产业链中包括育雏、养殖、加工、包装、物流、服务等前后端产业从业人员共 1 万人，间接带动 4 万人。

▷▷▷四、 经验启示

（一）抢抓市场机遇，全力布局预制菜新赛道

预制菜肴由于菜品还原度高、操作难度低、烹饪步骤简单等诸多优势，满足了不少不方便在外就餐的居民的需求。预制菜市场也因此成为诸多原材料企业、食品加工企业、生鲜电商瞄准的"新赛道"。作为陕西省省级农业产业化龙头企业和高新技术型电商企业，百味园公司已于 2018 年建设乌鸡产业园，并依托略阳乌鸡特色农产品优势，着重产品研发及精深加工。2021 年，在乌鸡产业园区内建立乌鸡产业发展研究院，协议各方按照"大项目、大平台、全产业链"的部署原则，形成略阳乌鸡产业科技创新链，全力做好预制菜的产品研发、绿色发展、产业规划等工作。目前，百味园

公司具有充足稳定的原料供应市场、完善的冷链配送、成熟的电商平台等优势赋能，并将深入实施品牌战略，不断增强市场竞争力，全力打造高品质预制菜。

（二）加快产业融合发展，打造预制菜产业发展高地

预制菜产业具有"连一（农业产业）接三（餐饮服务业）"的特性，只有实现全产业链的深度融合，才能实现预制菜产业健康发展。在促进略阳乌鸡预制菜产业融合发展上，百味园公司一是打造可追溯食材供应链，与农民合作社、家庭农场、农户开展合作，通过产地直供的方式，切实保证预制菜食材品质。同时注重发展订单农业，依法签订合同，带动农民增收致富，并充分发挥现有乌鸡产业园作用，加强与产业链相关主体合作，确保原产地优质食材可持续供应。二是提升菜品生产链，完善农产品初加工、精深加工和综合利用等加工体系，研发生产具有地域特色的预制菜品，依托品牌溢出效应加快转型发展，不断加强技术创新、设备改造、人才招引、对外协作、资产重组，与专业化企业分工协作，打造雁阵形产业集群。三是培育全环节创新链，在牢牢把握全国畜禽屠宰质量标准创新中心发展机遇的同时，加强与高校、科研院所等展开交流合作，建设"研发飞地"。通过加强技术成果转移转化，攻关固色、耐氧化、贮藏、灭菌、包装、贮运等技术工艺，进一步提升预制菜产业核心竞争力。

撰稿人：施　文　姚　娥　陕西泮农农林规划设计咨询有限公司

24

汇聚产业链优势　加快品牌化发展

——河南双汇预制菜发展的实践与探索

▷▷▷ **一、　背景情况**

随着我国小康社会的全面建成，居民收入提高、消费理念升级、冷链技术进步、餐饮连锁快速发展，近年来预制菜发展迅速，是食品行业转型的新蓝海，各区域、各食品企业纷纷进行预制菜产业布局，共同推动预制菜产业发展。

预制菜是以一种或多种农产品为主要原料，运用标准化加工工艺和现代化生产设备，经预制加工而成的成品菜或半成品菜。中式传统的预制菜肴是中华民族千百年来的文化结晶，反映了各地方和民族的文化和物质特色。预制菜加工业一端连接餐饮消费，一端连接种植养殖，充分发挥农业产业化龙头企业的优势，能够实现农产品食材生产、食品精深加工、餐饮市场服务全产业链高效融合，有利于推动预制菜产业健康发展。

河南省作为农业大省、食品加工强省，省内产业链上下游之间协同发展优势明显。2022 年 6 月 30 日省工信厅在中原食品名城漯河市召开河南省预制菜产业发展推进会议，2022 年 8 月 20 日河南省预制菜标准化技术委员会成立。省市各级政府对预制菜产业大力支持，给预制菜相关生产加工企业指明了方向，做好了坚实的后盾，为河南省预制菜产业的蓬勃发展搭建了良好的运行平台。

河南双汇投资发展股份有限公司（以下简称"双汇公司"）是从事肉类加工的食品企业，长期坚持走工业化、规模化、产业化的现代农业发展之路，推动一二三产业高质量融合发展，形成了饲料、养殖、屠宰、加工、冷链物流、商业连锁等完善的产业链，拥有行业领先的研发实力、全国布局的现代化生产线、朝发夕至的冷链物流和广受消费者信赖的肉类品牌。双汇公司具备发展预制菜的产业优势和网络优势。

▷▷▷二、 主要做法

近年来，万隆董事长提出了"进家庭、上餐桌"的产品结构调整方向，双汇公司大力开发推广"肉蛋奶菜粮"相结合的餐饮产品，2021 年成立餐饮事业部。当下，双汇公司正聚焦团队力量，加快预制菜新产品研发上市、生产硬件条件建设和加大预制菜相关渠道的搭建推广力度，新产品开发有 4 个方面。

一是围绕半成品菜，上市了即烹即配的预制菜——丁丝条片+调料包及蒜香排骨、蚝油牛肉等预制调理产品，方便家庭、酒店便捷使用。

二是围绕成品菜，推出即热的红烧肉、土豆牛肉、佛跳墙、小米辽参等产品，让传统中式菜肴、高档菜肴走进千家万户。

三是围绕方便速食产品，推出了鱼香肉丝、香菇红烧肉等常温拌饭，咖喱鸡肉、土豆牛肉等啵啵袋速冻拌饭等主食菜肴产品，满足便捷消费新需求。

四是围绕团餐推广即热即食的学生营养餐。

目前双汇公司与中国农大、南京农大、江南大学、中国农科院等科研院所都有良好的产学研合作基础，致力于解决预制菜发展的关键技术难题，重点开展预制菜共性基础研究，建立原料和菜谱数据库，研究加工贮存、营养科学、风味科学等食品科学理论，推进预制菜新形态、新品类、功能性等系统性研究。研究集中在 4 个方面。

一是挖掘菜品调味和技艺精华，选择适宜工业化的区域预制菜肴品种，进行工业化预制加工技术研发。

二是针对预制菜肴风味衰减难题，借助现代食品加工技术进行调控技术研发，确保菜肴特色风味和品质。

三是结合标准化、机械化、智能控制需求，进行设备的创制和配套，实现菜肴精准、高效、标准化的工业化生产。

四是构建产品加工、贮藏、安全控制和可追溯体系，为工业化菜肴产品的质量安全提供充分保障。

▷▷▷ **三、 重要成效**

围绕预制菜和中央厨房，双汇公司与当地政府共同谋划、科学规划了双汇第三工业园，将打造集科研、生产、配送、展示、体验于一体的综合性、现代化、高科技食品产业园区。第三工业园占地约 1 000 亩，预计首期固定资产投资 35 亿元，实施高规格建设、高效率运营，形成新产能、实现新增量、发展新产业。

新的发展时期，肉类食品企业发展预制菜产业，需坚持"实业+科技"

的发展方向，不断提升科技创新能力，加速企业转型升级。

（一）坚持用工业改造农牧业，工业促农共同发展

按照"专业化生产、标准化管理、规模化经营"的经营理念改造农牧业，加快分散饲养方式向现代集约饲养方式的转变，把市场消费需求，转化为养殖标准、加工标准、配送标准、农业订单标准，实现产业化经营，达到农民稳定增收、工厂集约生产、市场均衡供应，实现肉类工业与农牧业的协同发展。

（二）坚持技术设备领先，推动产业稳健高效发展

要充分把握新一轮技术革新的机遇，积极引进国际上先进的技术和设备，提高自主创新能力，加快肉类科技成果应用和产业现代化升级，实现资源的综合利用和产品加工增值。同时注重应用数字经济，以智能制造、数字经济为抓手，加大投入发展新兴技术和新商业模式，推动肉类产业高质量稳健发展。

（三）加快产品创新，推动预制菜产业健康发展

一是发挥河南省肉类协会预制菜委员会和创新研究院平台优势，集中资源做好预制菜发展规划和工业化技术研究，实现产业发展的技术引领。二是利用河南农业资源优势，壮大特色农业原料基地和预制菜产业集群，大力推广河南特色农产品和菜肴制品，支持上下游协同发展，打造国内最大的预制菜全产业链基地。三是构建农产品和预制菜质量安全标准体系，鼓励优势企业参与相关标准的制修订，推动产品品质不断提升，打造河南预制菜知名品牌。

（四）加快品牌化发展，推动市场转型升级

要坚持品牌化发展战略，加大市场投入和营销创新，创名牌、发展名

牌，不断深耕网络、做细市场、做优产品，培育一批在国内外市场上更具竞争优势的民族特色品牌，推动现代化生产和品牌化经营，打造消费者信赖的国内外知名品牌，提升市场竞争力和发展力。

▷▷▷四、 经验启示

目前消费者对预制菜产品的接受度还未达预期，主要原因是预制菜产品质量不稳定、口味还原度和产品性价比有待提高，反映到生产企业需要考虑的是如何实现标准化生产、如何提高工业化水平、如何突破产品口感风味及感官的高复原度难题、如何利用大数据精准开发消费者喜好的预制菜新产品，这些都是需要持续研究的课题。

解决以上问题，需要企业通过科研支撑、科学的方法、有效的质控检测技术体系等方面，一是从蔬菜、肉品等原材料的种植、养殖端控制农残、兽残，保证菜品质量安全；二是从菜品外观、口感、口味、风味和营养等因素进行综合考虑，打造产品的核心竞争力；三是研究菜品的工业化生产流程，从原料切配、热加工、分装等工序研究自动化设备，保证菜品的标准化操作；四是研究产品的流通方式、最佳食用方法、菜品还原度等，将大家熟知的传统菜品如东坡肉、梅菜扣肉、猪肚鸡、八宝饭等常见的中华美食变成预制菜品，让消费者能够在家轻轻松松享用美味。

撰稿人：河南双汇投资发展股份有限公司；

　　　　林滢滢　中国人民大学农业与农村发展学院

25

发展肉鸭预制菜品　打造孔府文化品牌

——山东济宁樱源公司肉鸭品牌培育之路

▷▷▷ 一、 背景情况

樱源有限公司（以下简称"樱源公司"）位于山东省济宁市兖州区，2016 年成立，是一家集种鸭饲养、苗鸭孵化、饲料加工、肉鸭标准化养殖、肉鸭冷藏加工、熟食加工、冷链物流、出口创汇为一体的农业产业化国家重点龙头企业。樱源公司始终把安全、健康、生态融合到企业文化和产品中，大力推进 HACCP、ISO 9001、ISO 14001、良好农业规范（GAP）、BRC 体系认证。2021 年实现销售收入 10.32 亿元，利润 1 709 万元，出口创汇

1 480万美元。（兖州区樱源有限公司见图25-1）

图25-1   兖州区樱源有限公司

兖州区地处鲁西南平原，东仰"三孔"，北瞻泰山，南望微山湖，西临水泊梁山，素有"东文、西武、北岱、南湖"之称，是济宁市组群结构大城市的经济中心。兖州交通区位优越，是全国重要的交通枢纽，京沪、兖石铁路、鲁南高铁在这里交会，日兰高速、327国道等数十条公路干线在境内交织成网。2021年，兖州区生产总值达到587.74亿元，一般公共预算收入49.72亿元，居济宁市第3位。

▷▷▷二、   主要做法

（一）建设高标准肉鸭养殖基地

樱源公司下属子公司5个，共35个分厂，其中种鸭场5个（存栏量48万只）、标准化肉鸭养殖场17个、孵化厂3个（年孵化鸭苗6 000万只）、饲料厂3个（年产能60万吨）、肉鸭宰杀厂3个（年可生产冻产品18万吨）、万吨熟食加工厂4个。合作社派出技术人员长期入住养殖基地，为养殖户提供"一对一"的服务，从鸭苗出雏到出栏提供24小时全程技术服务，实现了产前、产中和产后"保姆式"服务，并与安华保险积极协调签订了区块链肉鸭养殖保险。（樱源有限公司加工车间见图25-2）

图 25-2　樱源有限公司加工车间

（二）加强科技研发和人才引进

高度重视科技和人才的作用，在引进国外先进技术基础上，重视技术自主"创新"，成立了技术研发部和相应实验室。重视校企合作，企业同中国人民大学、中国农业大学、省农科院、山东农业大学等大专院校、科研院所建立稳定的合作伙伴关系，建立了博士科研工作站创新平台，开展关键技术创新集成和成果转化实验。与山东畜牧兽医职业学院等高职院校建立校企合作关系，以学校作为员工培训基地和新生力量来源，以樱源公司基地作为学生的实训场地，在校企合作中提高了员工的技术素质，为樱源公司不断发展储备了人才和技术，大量招纳畜牧兽医专业的高校毕业生到樱源公司养殖岗、生产岗等不同岗位任职，提高员工队伍科技素质。

（三）注重企业品牌和产品品牌培塑

樱源公司利用电子商务平台，打造了年轻潮流化的休闲零食"鸭乎"品牌产品；传承孔孟之乡文化，打造了带有孔府文化的祈福产品"孔府及第"鸭。樱源公司产品不断创新升级、不断推陈出新，在做好瘦肉型鸭和出口剔骨烤鸭的同时，2017年底推出的烤鸭原料（烤鸭胚），一经问世就得到了行业的认可和消费者的钟爱。樱源公司生产产品全部采取三同标准（同线、同标、同质），让国人享受出口产品品质，是出口食品"三同"示范企业。

（四）持续开拓国际市场

樱源公司大力推进HACCP、ISO 9001、ISO 14001、GAP、BRC体系认证，有着出口欧盟的标准体系，严格按照欧盟出口标准运营生产，对所有的种鸭、肉鸭等品种进行建卡编号管理，形成可以追溯的档案管理系统，确保每一个产品都达到欧盟出口标准，每一款产品都可追溯，进一步推进产品走向世界。

（五）创新利益联结新机制

积极探索发展"龙头企业+合作社+农户"的带动模式，以"订单保价收购+二次分红"为利益联结机制，让农民从产业链增值中获取更多利益；延伸产业链，将新技术、新的商业模式引入农产品加工中来，创新流通方式和流通业态，带动产业升级增效，通过车间升级改造，提高精深加工能力，增强品牌品质。

▷▷▷ 三、 重要成效

（一）企业规模稳中有进

在北京、南京、武汉、上海、苏州、广东等城市设有销售分公司，与全国近500家超市建立了稳定的营销关系，产品远销东南亚和欧盟各国，营销网络健全。

（二）科技研发成果丰硕

坚持创新驱动、人才引进和培养，成功建成省级企业技术中心，拥有多项技术专利和授权专利，提高了企业的核心竞争力，提升了内涵式发展水平。樱源公司建有山东省级企业技术中心，技术中心通过先进的设备和生产技术，研发了 30 多种系列产品。其中获得发明专利 3 项，实用新型专利 3 项，"樱源"牌食品生产技术达到国内领先。技术中心还承担了肉鸭熟食深加工技术研究与产业化开发项目、1 000 万只肉鸭养殖与深加工技术开发、绿色肉鸭标准化养殖与深加工技术集成及产业化、标准化养殖基地体系建设、农业良种工程等项目，有效地提升企业经济发展。

（三）产品品牌培育成效卓著

传承孔孟之乡文化，打造了带有孔府文化的祈福产品"孔府及第"鸭。"樱源"牌鸭产品先后荣获"中国驰名商标""山东省名牌产品""山东著名商标""食安山东十大领袖品牌""山东农产品知名品牌"。

（四）带农增收成效显著

企业已先后带动养鸭农户 4 200 余户，并与安华保险积极协调签订了区块链肉鸭养殖保险，从根本上解决了农民饲养肉鸭怕风险、无技术的难题。企业投产运行到熟食出口加工基地、烤鸭连锁经营品牌直营店项目等，解决了当地农民 1 000 余人就业，通过建立"订单保价收购+利润二次分红"的利益联结机制，带动农户增收，户均增收 7 万多元。并先后带动了当地建筑行业、物流运输行业、餐饮行业等行业发展。樱源公司以农民就业增收为核心，通过农业相关产业联动集聚，延长产业链、提升价值链、拓宽增收链，促进了一二三产业的紧密连接，体现了新时代农业企业的担当。

▷▷▷**四、 经验启示**

（一）全方位的政策扶持，是促进企业发展壮大的重要支撑

政府财政增加对樱源公司扶持资金规模，通过贴息、补助、奖励等方式，整合各类农业投入资金，构建完善的农业龙头企业发展投融资体系，建立多元化投融资机制。政府搭建平台，完善政府与银行联手扶持龙头企业发展的区域合作模式，创新信贷担保手段和担保办法，帮助龙头企业解决抵押困难。同时根据企业对专业人才的需要，政府推送了一批会技术、爱创新的高素质农业经营人才，帮助企业解决用工难和技术攻关人手不足的问题。

（二）良好的营商环境，是增强企业发展信心的坚实保障

随着国家"放管服"改革力度的进一步加深，市场监管面临新形势、新发展、新任务、新要求，济宁市兖州区市场监督管理局以建设"151"工程（1 个监管指挥中心、5 个支撑系统、1 个系统部署）为重要载体，建设打造兖州区智慧市场监管工程，为差异化监管、精准化监管提供数据支持。科学布局智能监控设备，全面推进明厨亮灶、透明工厂工程，对归集的数据进行图形化展示，以远程监管、在线监管等数字化技术为监管空档期补位。在餐饮服务单位、大中型商超、政府企事业单位食堂、医疗机构等关键部位、重要环节，综合利用 AI 智能监管技术，实现在线即时全覆盖监控。可深度记录操作过程不规范行为，确保监管无死角、服务全透明，助力多方动态监管，有效提升监管质量。目前已联网整合了视频信号 3791 路，实现对全区 1 700 余家单位在线监管。食品生产企业、大中型商超、药品零售企业在线监管率达 100%，中央厨房、大中型餐饮服务单位明厨亮灶率达 100%。

（三）产业集群集聚发展，是推动预制菜全产业链发展的厚实基础

樱源公司按照"农作物种植—畜禽养殖—废弃物利用—有机还田"为主线的循环模式，打造生态循环农业。以种植业、养殖业为核心的种养结合复合生态循环发展模式，实现了农业规模化生产、加工增值和副产品综合利用，通过该模式的实施，整合种植、养殖、加工优势资源，实现产业集群发展。（樱源公司饲料厂见图25-4）

图 25-4 樱源公司饲料厂

（四）科技自主创新，是提升企业竞争力和发展活力的核心

"优质水禽良种创新与新产品加工"项目研发总投入近100万元，双方将以微山麻鸭等地方品种资源为主要育种素材，采用家系和分子生物学选育相结合的盲种方式，培育具有性状特色明显的高产优质肉鸭新品系，再进行配合力测定，确定最佳配套组合。项目重点从生长速度、肉品质和抗病力等方面，定向培育生产性能稳定、体型外貌一致、成活率高、肉品质优良的地方肉鸭配套系。同时，项目将根据培育配套系特点开展营养需要量、养殖模式和繁育技术等配套技术研究。项目的实施将有效保护地方畜禽资源，推动产业链两端延伸，带来可观的经济效益，进一步丰富乡村振兴齐鲁样板内涵。

整合外部资源、聚合内部动力。"樱源食品发展模式"是习近平新时代"三农"思想在农牧业领域的具体实践，符合科学发展观的要求，而依托樱源食品特色模式所形成的产业化经营体系实质上体现了先进生产方式在当代农牧业发展实践中的具体应用，其内部蕴涵着生产力和生产关系的高度统一，适应了经济社会发展规律和趋势，展示了其独特的核心优势。

展望未来，樱源公司将进一步聚合新要素、整合新资源、挖掘新动能，加快新旧动能转换，在高质量发展道路上行稳致远、再创辉煌，为推进乡村振兴、带动全面小康、打造全省畜牧业高质量发展的"齐鲁样板"发挥出新的更大作用，让习近平新时代"三农"思想在中国农牧业领域转化成更多、更丰富的具体实践，结出更丰硕的果实。

撰稿人：山东樱源有限公司

26

深化产学研合作 打响海南菜品牌

——海南翔泰金鲳鱼产业发展的实践

▷▷▷**一、 背景情况**

近年来，海南预制菜产业与休闲产业、旅游产业、文化产业等深度融合并蓬勃发展，产业规模持续壮大，发展质量和效益稳步提升。海南预制菜产业是集生产、加工、流通、休闲于一体的拥有新餐饮风尚、新餐饮模式、新餐饮文化的产业，对促进海南省现代农业产业模式升级、产业链条拓展的引领发挥着重要的作用，跃升为海南现代农业的最新"增长极"。在海南自贸港政策支持和税收优惠的大背景下，聚焦水产品预制菜领域，以绿色生产的工业化理念，加速拓展全国市场，推动海南省现代农业发展及预制菜产业发展，在预制菜赛道上，孵化出更多大规模单品及规模性龙头企业。

海南金鲳鱼预制菜产业在"绿色、低碳、科技、智慧"的新农业产业开发理念下，聚焦以食品加工为核心的健康食品产业，对于打造海南省集研发、生产、冷链、物流、体验、金融等产业链要素完备的一站式产业集群，具有典型案例的示范带动作用。

海南翔泰渔业股份有限公司（以下简称"翔泰渔业公司"）是农业产业化国家重点龙头企业，下辖 8 家全资子公司，拥有 300 亩水产品深加工产业园，提供近 3 000 个就业岗位，劳动技能培训每年培训 3 000 多人次，联结养殖户 4 500 余户，带动养殖、物流运输、包材等产业链上下游 3 万人以上。产品远销欧美 26 个国家和地区，罗非鱼出口量连续 10 年全国第一，罗非鱼市场占有率达 60%。2021 年全年销售额 14.54 亿元人民币，出口额 5.75 亿元人民币，出口 1 594 个集装箱。

▷▷▷ 二、 主要做法

一是科技创新驱动。18 年来，翔泰渔业公司始终以模式创新赋能产业发展，深耕渔业，涵盖预制菜鱼的繁育、种养生产、加工、餐饮各环节，预制菜全产业链包装通用要求、预制菜冷链物流运输要求、预制菜分类基础标准、预制菜品质评价检测标准等标准体系已经形成。通过世界级水产食品标准认证，并荣获海南省首届政府质量奖提名奖、海南省名牌产品、省级现代农业产业园、海南省诚信示范企业、海南省企业百强、海南品牌100 强等多项殊荣。实现从鱼苗到餐桌全程监控和可追溯，以完善的产业链条为客户持续提供品质、安全和健康的水产品。

二是科技支撑。深化与海南智库和高校创新团队合作，集聚专业科技人才多元化的科技力量，以国家战略需求为导向，大力研发预制菜新配方，完善供应链体系和场景化运营，进行原创性、引领性的科技攻关。在构建海南特色预制菜品牌矩阵上，集中科研力量深耕金鲳鱼、海南罗非鱼等海南特色农产品，树立一批海南省知名的预制菜品牌，形成了共同致力海南特色品牌的强大力量，打赢预制菜关键核心技术攻坚战，打造海南省特色鲜明的预制菜产品的典型案例。

三是与科研机构合作。人才培养实践基地遍布全省，海南翔泰渔业与省内科研院所如海南大学、海南热带海洋学院、国家对虾加工技术研发分中心、国家罗非鱼加工技术研发分中心、海南省食品营养与功能食品重点实验室、海南省南海水产资源高效利用工程研究中心和海口市海洋食品精深加工重点实验室、国家海洋食品工程技术研究中心南海研发中心、海南省海洋食品工程技术研究中心等海洋食品特色平台开展深度合作，刺激了海南省食品加工业对专业人才的需求，促进了人才培育与产业振兴战略的有效衔接。

四是推进全产业链发展。翔泰渔业公司依托海洋科技协同创新中心科研团队积极开展不同海域和不同品种的生物资源的加工基础特性研究，建立水产预制菜加工资源数据库；建立海洋食品产业质量安全可追溯监管数据体系；进行与生物资源的营养和功能性成分及其功效相关的现代生物技术和加工的优化技术研究，建立全过程风险控制体系；进行生物资源有害物质残留研究，建立海洋食品质量安全的保障体系。其中，海洋来源蛋白质和脂质的加工关键技术、海南主要加工鱼类（罗非鱼和金鲳鱼）的高质化和高值化利用技术、罗非鱼鱼肉方便食品的研究开发、南海鱼类调味品加工技术、富含多不饱和脂肪酸鱼糜的研究开发、鱼头油胶囊的加工关键技术、高品质海鲜风味罗非鱼鱼糜的研究开发等精深加工专利成果对于吸引外部资本投入、培育市场主体、升级消费链、提升价值链具有深远意义。

五是坚持创新驱动。以产业数字化、生产智能化、销售智慧化为创新发展方向，依托预制菜产业创新研究中心，大力支持产业龙头企业搭建全产业链数字化平台，运用区块链技术把产业全流程、全环节、全系统数字化，从原料农产品生产标准、生产技术、品质把控，到加工环节与冷藏运输，再到市场销售、库存管理、核算结算等进行数字化管理。打造集研发、生产、冷链、物流、体验、金融等产业链要素完备的一站式产业集群。

2021年，翔泰渔业公司与良之隆、半天妖、云海肴等知名餐饮品牌和供应链企业合作，并在未来持续保持长期战略合作发展政策，为其做定制化菜品研发，根据客户需求调整预制菜品，并以公司产品原料为主线，做好前期调研工作，策划相关菜式场景、菜式推广和烹饪方式，做好产品一系列相关设计。通过提高产品质量，提高专业化程度，提高产品质量，打响翔泰预制菜品牌，打造翔泰金牌服务品质，达到合作共赢。

▷▷▷三、 重要成效

2022年4月，习近平总书记再次亲临海南考察并发表重要讲话，对海南发展给予充分肯定，要求加快建设具有世界影响力的中国特色自由贸易港，让海南成为新时代中国改革开放的示范，把海南自由贸易港打造成为展示中国风范的靓丽名片。

依靠海南自贸港政策红利和专业科技智库的强有力支撑，2020年，翔泰渔业公司在外部政策引导和市场需求作用下，不断细化预制菜专业化分工，健全完善产业链，提升生产要素配置效率，精准施策，以预制菜为核心的新型经营主体更好地发挥出其产业集聚作用，与养殖、生产、互联网、冷链保鲜、运输紧密联结，强化生产经营的规模化、组织化和产业化。在全球经济低迷的状况下，翔泰渔业公司实现全年总营收14亿元。

2017年起，翔泰渔业公司陆续推出的酸菜鱼、泰式烤鱼、低脂鱼排和火锅鱼片等预制菜品深受消费者青睐。当时预制菜的势头发展还处于缓慢阶段，近年来逐步向上发展，为迎合预制菜行业的供需增长，翔泰渔业公司在预制菜品类上加速布局，并于2021年正式推出一系列预制菜品，其中以酸菜鱼片为代表，研发出了藤椒鱼片、海鲜冬阴功鱼片等3款AB包鱼片

产品，还有泡椒鱼皮等即热、即食、即烹、即配等系列。（翔泰预制菜系列见图26-1）

图26-1 翔泰预制菜系列（酸菜鱼片与泡椒鱼皮）

在预制菜方面，工厂通过提升加工技术，如产品去腥工艺、机器设备切块技术等，提高产品品质和加工效率，保证产品加工稳定性；通过对产品进行市场调研分析，实行定制化菜品研发，有针对性、目的性地做好产品一系列相关设计来降低综合成本，最大化地提高产品原料的使用价值。翔泰渔业公司成功入选2022年上半年中国预制菜品牌百强榜、2022年预制菜领军企业。

▷▷▷ 四、 经验启示

翔泰渔业公司改革产业组织模式，优化产业组织结构。新型经营主体通过"养殖+龙头产品""市场+龙头产品+合作企业"等多种方式，将分散的养殖鱼品类有效地组织进入预制菜加工产业链、合作对接市场。在农业生产中引导养殖业形成规模化生产，盘活乡村养殖资源。在预制菜产后加工和流通中，以产业化经营的方式，引领和组织高品质预制菜鱼源进入市场。

（1）农业服务。发挥海南省龙头企业的组织优势，为消费者提供产前、产中和产后的农事作业、物流运输等服务。提升了养殖业抗风险能力、市场品牌影响度和农业组织化水平。采取"公司+农民入股"模式，从 2017 年与澄迈县各乡镇合作起，至 2022 年 8 月底，帮扶 7 个乡镇 86 个村委会 1 518 户贫困户 6 915 人，并按时、足额分红。积极参与公益慈善事业，累计捐赠额超 300 万元。近年荣获全国五一劳动奖状、全国"万企帮万村"精准扶贫行动先进民营企业等荣誉，董事长刘荣杰获得"海南省脱贫攻坚先进个人"荣誉称号。

（2）就业拓展。产业链融合延伸，增加了就业机会。新型预制菜经营通过推动规模化集约化产业经营带动海南省预制菜产业结构调整升级，增加农业劳动力需求，促进养殖、加工、营销、物流、保鲜仓储等行业人员到产业链不同环节就业。同时，通过就业带动，影响了从业人员对新技术的认知、采纳，以及预制菜的新型销售方式，通过要素配置、成本控制、品质提升、品牌营销、订单农业等多种模式，拓展各相关企业的增收渠道，产生更多能够共同分享的"合作盈余"，增加了从业员收入，帮助相关企业收获了更多的产业链增值收益。累计带动就业超 3 万人次，员工人均年收入 5 万元以上。

撰稿人：马延鹏　海南翔泰渔业股份有限公司

27

打造"百村企业" 造福"万户主人"

——湖北当阳菜花香公司酱菜产业化发展之路

▷▷▷ 一、 背景情况

菜花香食品有限公司(以下简称"菜花香公司")位于湖北省重要的商品粮基地——当阳市,从 1997 年注册为五爱酱腌菜加工蔬菜食品厂,到现在已发展成一家集蔬菜种植、加工、包装、销售于一体的现代化食品企业。产品销往国内 30 多个省市,产品具有鲜香爽口、健康美味等特点,深受广大消费者喜爱。菜花香公司先后被誉为"宜昌市农业产业化重点龙头企业""文明诚信经营企业"。

近年来，预制菜行业蓬勃发展，菜花香公司顺应潮流，充分发挥本地资源优势，积极抓住预制菜行业发展新风口，通过一二三产融合发展，规模化经营，打造"企业+合作社+基地+农户"的特色联社模式，实现产业兴农，助力乡村振兴。这正是：古有长坂雄风飏，今朝当阳"菜花香"。

▷▷▷ 二、 主要做法

（一）深化"三链融合"发展模式，走酱菜产业化发展路径

为迅速形成酱菜产业化发展优势，菜花香公司从上中下游三端深化"三链融合"发展模式。

一是壮大上游原料生产"供给链"。立足当阳传统蔬菜种植业，菜花香公司通过"保底包销+自主市场交易"方式持续扩大种植规模，放大预制菜原料成本优势。依靠农业专业合作社提供的优质种源，培训种植技术，设立规范标准，充分保障预制菜加工所需原料的高品质。（菜花香公司见图27-1）

图 27-1　菜花香公司

二是做实中游酱菜食品"加工链"。菜花香公司通过发展"原料基地+加工厂"模式,形成生产规模化,加工自动化,产品标准化,口味定制化,生产满足市场需求的高质量产品。

三是畅通下游产品渠道"销售链"。菜花香公司聚焦做强预制菜品牌优势,大力开展线上线下营销活动。不仅积极参与粮食博览会、农贸会、展销会,而且利用现代商超、社区终端、电商平台等销售渠道,将注册的"群馨""熊甜""一川红"等打造成"小而特、小而精、小而美、小而优"的系列乡土特色品牌,不断提升市场认可度和竞争力。

(二)打造特色联社模式,走共同富裕乡村振兴道路

菜花香公司作为龙头企业,在"龙头企业+农民专业合作社+农户"联社模式基础上,加入自有基地的生产要素,打造"龙头企业+农民专业合作社+基地+农户"特色模式,通过土地规模化流转、订单农业、基地共建等形式,与村庄、农户建立稳定的利益联结机制,实现订单农业有"订金"、基地就业有"薪金"、土地流转有"租金"、入股分红有"股金",打通预制菜产业富农新渠道,走共同富裕道路。

(三)增强市场竞争力,做产业链领头羊

菜花香公司作为龙头企业,在酱菜产业化中提高核心竞争力,打造知名品牌,严格质量管控,强化生产技术规范应用,以标准化提升市场竞争能力,实现从田间到餐桌全流程覆盖的管理目标。采取示范园引导、示范基地带动的方法,推行统一环境质量、统一生产技术、统一农资供应、统一监测方法、统一收购价格为主要内容的"五统一"操作规程。通过包种子、包销售、包培训的合作方式,确保蔬菜等原材料品质稳定和供应充足。在加工流通环节,制定严格生产工艺,引进先进检测设备,加强生产全过程质量检测和标准控制,同时引进人才,坚持产学研结合持续创新研发,推出满足市场需求的丰富产品。在销售环节,坚持打造品牌、开拓市场,

确立企业竞争优势。菜花香公司公司立志要进一步发扬酱菜事业，让"菜花香的味道飘香全国"，让产品走向世界。

▷▷▷三、 重要成效

（一）打造产业兴农样板，激发传统经济发展新动能

当阳市是传统蔬菜种植基地，农产品以供应周边地区为主。在当阳市农村缺乏劳动力、农业逐渐衰退的背景下，产业发展是乡村振兴必经的出路。酱菜加工可以从贮存、运输、市场等环节解决蔬菜种植面临的销售问题，极大激发当地农民种植热情，促进供销之间良性互动。菜花香公司在本地打造酱菜产业，坚持走市场化道路，以产品和服务作为基础，建设社区和企业的合作平台，形成可持续发展的生态圈。这极大激励当地经济、社会和文化的多维互动，有力增强农民主人公意识，带动乡村建设，同时吸引外来资本和技术，进一步助力乡村振兴。

（二）打造"百村企业"，造福"万户主人"，实现联农带农富农

菜花香公司先后建立基地 3 万多亩，遍及百余村庄，万户以上农户受益，形成"百村企业，万户主人"的联农带农良好局面。菜花香公司每年提供就近务工岗位 102 个，务工带动 1 200 人以上，产业辐射带动 8 600 余户，合作社成员通过订单种植和务工户均年收入增加 1 500 元，2022 年，合作社成员通过蔬菜生产和合作社收益分配两个环节，共获得收益 9 258 万元，户均获利约 0.6 万元，受益分配成员户均收益比当阳市同行业非成员农户收益高 26%，为当地巩固拓展脱贫攻坚成果发挥重要作用。

（三）完成企业升级蜕变，打造现代化农业企业

自 2007 年获得全国食品工业许可证，菜花香公司一步步完成升级蜕变，

成为一家集蔬菜加工、产品研发、渠道销售于一体的现代化食品企业。近几年公司年产品加工量均在 2 万吨以上，2022 年产值为 1.5 亿元。企业待员工如家人，员工视企业如主人，企业员工共同苗壮成长。

预制菜市场方兴未艾，菜花香公司发展迎来新机遇，准备进一步扩大规模，加大投资，计划在当阳市工业园区征地 100 亩，建设"蔬菜食品精深加工及冷链物流项目"，预计可加工转化农产品 3 万吨，带动 300 余人就业。为家乡蔬菜产业提档升级，着力建立联农带农富农机制体系，真正做到"做强一个企业、打造一个品牌、带动一个产业、搞活一方经济、带富一方百姓"，贡献企业应尽的力量！

▷▷▷ 四、 经验启示

（一）以三产融合为突破点，积极点燃共富新引擎

三产融合可以解决农业产业附加值过低问题，有利于延伸农业产业链和价值链，是推动农业增效、农村繁荣、农民增收的重要途径，是实施乡村振兴战略、加快推进农业农村现代化、促进城乡融合发展的重要举措。菜花香公司坚持以利益联结为纽带，以市场需求为导向，以产业化为核心，实现农村三产无缝融合，发展全产业链模式，推进一产往后延、二产两头连、三产走高端，加快农业与现代产业要素跨界配置，实现酱菜产业在当阳从无到有，从小到大，迅猛发展。

（二）依托合作社联农富农，走出一条有特色的乡村振兴道路

"公司+合作社+基地+农民"特色联社模式，一是可以将分散的农户经营与市场需求有机联系起来，增强农民抵御市场风险能力，提高整个产业竞争力。二是可以促进技术创新，对产品进行高标准开发，创立品牌产品，加快产业升级。三是可以解决企业与农民利益分配问题，合作社一方面代

表社员利益与企业签订合同，另一方面代表企业指导农民进行生产。农民不仅可以从农业生产经营中获得收益，还可以通过科技支持、股份合作等形式享受二三产业的增值收益。

特色联社模式可以保障全产业链共发展，将企业、村庄、农户和市场形成风险共担、利益共享的共同体，实现集体有收益、企业有效益、群众得实惠，为农村百业兴旺提供良好方案。

（三）立足资源禀赋，进一步打造现代化农业企业

数据显示，2022年，中国预制菜市场规模达4 196亿元，预计2026年市场规模将突破万亿，是一个巨大的蓝海市场。2023年中央一号文件中首次提出"培育发展预制菜产业"，将预制菜作为促进产业发展的新动能。企业要积极响应国家号召，立足资源禀赋，抓住预制菜行业发展商机，创新引领，大干快上。酱菜只是预制菜一个小门类，菜花香公司下一阶段计划是扩大产品线，开拓净配菜等新产品，以企业升级换代为抓手，建设现代化农业企业，带动合作社、生产基地、农户等产业链上游，服务好渠道商、餐饮企业等产业链下游，增强产品竞争力，抓住机遇，共同致富。

撰稿人：史　越　　　农业农村部农业贸易促进中心
　　　　王孝平　　　　当阳市农业技术推广中心
　　　　陈　兵　詹敬华　当阳市庙前镇农业服务中心
　　　　唐　亮　　　　上海茶家企业管理有限公司
　　　　叶红林　　　　当阳市红林生态有限公司

后 记

2023 年发布的中央一号文件首次将发展预制菜产业写入其中。各地实践表明，预制菜产业的出现与发展顺应了时代的需求，将会在解决"三农"问题、助力乡村振兴中发挥有力作用。农业农村部农业贸易促进中心组织开展了案例征集工作，从各级农业农村部门和企业呈报的近 200 个案例中选出 27 个典型案例，由西南大学汇编出版，旨在提供模式范例和借鉴经验，给"三农"工作者带来参考与启发。

农业农村部农业贸易促进中心马洪涛主任对本书进行了总体策划与设

计，确保了案例评选和研究工作的科学性、前瞻性。中心领导班子对编写框架和具体思路提出了意见和建议，推动编写工作更加高效。王东辉、龚冰、韩啸、赵政全程参与案例征集、遴选和修改工作，并承担了大量的协调、沟通和管理工作。各级农业农村部门和相关单位给予了大力支持和积极配合，按照规范要求起草案例初稿，提供相应图片和素材，部分省份还对研究团队的实地调研给予了有力支持。藉此，谨向所有支持帮助本书编写的单位和个人致以衷心感谢！

征集和汇编出版预制菜产业发展助力乡村振兴典型案例工作将持续开展，我们将更加全面地展示不同地区预制菜产业发展的特色、推动一二三产业融合的路径、拓宽农民增收致富渠道的模式，为"三农"工作者提供参考与启发，为全面推进乡村振兴做出更大贡献。

因各种原因，本书难免有疏漏之处，敬请读者批评指正。

编委会

2023 年 7 月